SOUVENIRS DE PÈLERINAGE

EN TERRE-SAINTE

SOUVENIRS

DE PÈLERINAGE

EN TERRE-SAINTE

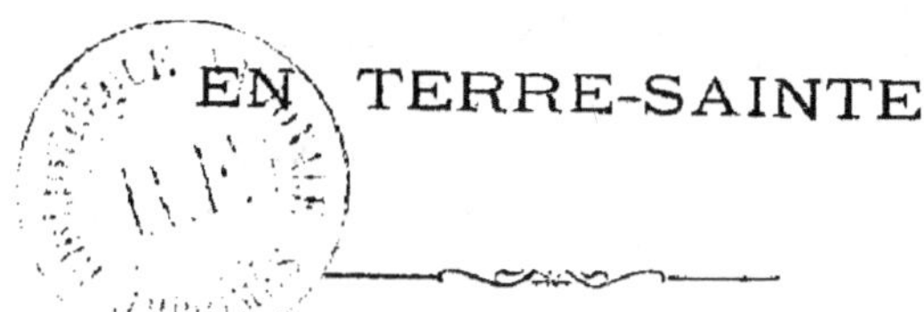

Le lundi 21 avril, à 6 heures du matin, je quittais Clermont, pour entreprendre le long et beau voyage de Jérusalem. Je réalisais enfin une espérance que je nourrissais depuis longtemps, et cependant que de fatigues à affronter, que de dangers à courir! Aussi n'était-ce pas sans quelque émotion que je me séparais de ma famille, de mes connaissances et de tout ce qui pouvait me rattacher à Clermont; mais j'étais plein de confiance en la Providence, et si je devais ne plus revoir ce qui m'était le plus cher, mon sacrifice était fait d'avance, et je priais Dieu de l'agréer. Mais le sifflet de la locomotive venait de retentir, et déjà la vapeur ébranlait le train qui m'emportait vers Lyon. Je passe sous silence les sites pittoresques qui réjouissent la vue, dans les environs de Thiers et au delà jusqu'à Boën, où l'on traverse de fertiles plaines jusqu'à Saint-Etienne. Là, la nature fait place à l'industrie, et de tous côtés ce ne sont que cheminées d'usines, hauts fourneaux, mines, etc.; enfin voici les bords du Rhône, qu'on longe jusqu'à Lyon, et, quelques instants après, je commençai à apercevoir la nouvelle église de Fourvière, et je saluai par un *Ave Maria* la statue dorée de Notre-Dame qui surmonte le sanctuaire; c'était aussi une prière de reconnaissance à notre mère commune, pour la protection qu'elle avait bien voulu m'accorder pendant cette première partie de mon voyage, et qu'elle a bien voulu me continuer jusqu'au retour.

L'accueil si bienveillant que je trouvai chez de bons et dévoués parents fit passer bien vite les trente-six heures que je suis resté à Lyon, et le mardi soir, à huit heures, je reprenais le train qui devait me conduire à Marseille. Désormais, j'allais vers l'inconnu, mais le désir de voir se réaliser mes projets me fit bien vite passer de l'esprit l'idée des dangers auxquels je pouvais être exposé, et, bercé d'une douce illusion, je tâchai de m'imaginer que j'étais dans un excellent lit, et je m'endormis bientôt. Je passai ainsi, sans m'en apercevoir, à Valence, Orange, Avignon, Montélimar, etc., et le ciel s'éclairait à peine des premières lueurs du jour, que je me *réveillais*, comme averti du spectacle que j'allais avoir sous les yeux : le chemin de fer traversait tantôt des gorges profondes, tantôt des champs remplis d'une végétation magnifique, et l'œil se reposait agréablement sur les rosiers en fleurs, les rangées d'oliviers aussi bien alignés que des soldats en plomb ; mais ce qui attire surtout la vue, c'est la plaine liquide légèrement ondulée que l'on aperçoit au loin, et à laquelle les 400 pèlerins de la Pénitence devaient être confiés le lendemain. Mais nous voici arrivés en gare, et quelques minutes après, un omnibus me déposait à la porte de l'hôtel du *Petit-Louvre*.

Le soir, sur les quatre heures, je me fis conduire au quai des Anglais où était amarrée *la Bourgogne*, et après les formalités nécessaires pour l'enregistrement des bagages, j'allai prendre possession de ma cabine.

Le temps était magnifique et tout faisait supposer que notre départ s'effectuerait dans les meilleures conditions ; mais Dieu ne le voulait sans doute pas ainsi, car, le soir même, le temps se mit à la pluie, et le lendemain matin ce fut une désagréable surprise de voir l'épais brouillard qui régnait sur la ville, et la pluie fine et froide qui tombait. Cependant, je tenais à assister à la cérémonie de Notre-Dame de la Garde, qui avait lieu à 7 heures, et une voiture, gravissant rapidement la pente escarpée qui conduit au sanctuaire, me déposa bientôt au pied d'un long et large escalier, terminé par une terrasse d'où la vue s'étend sur la ville et la mer, à une distance considérable, mais je réserve ce tableau pour le retour, car, ce jour-là, le temps ne nous a pas permis d'en jouir.

Cette cérémonie était le rendez-vous de tous les pèlerins, aussi tous étaient-ils venus, apportant avec eux leurs petits bagages, tels que couvertures de voyage, sacs, gourdes, etc., et à 7 heures précises, Monsieur le Vicaire Général, qui remplaçait Monseigneur l'Évêque de Marseille, commença la messe, pendant laquelle les chants de l'*Ave Maris stella*, du *Magnificat* et différents cantiques firent résonner les voûtes de la basilique ; c'était certes bien émouvant d'entendre les 400 pèlerins de la Pénitence chanter avec autant d'enthousiasme et de piété ; mais ce qui fut plus touchant encore, ce fut la communion générale qui dura au moins trois quarts d'heure. N'était-ce pas un peu comme une communion viatique que l'on reçoit avant de partir pour la Jérusalem céleste ; chacun n'avait-il pas voulu aussi se munir du pain de vie nécessaire pour supporter vaillamment les fatigues du voyage de la Jérusalem terrestre. Les paroles du R. P. Vincent de Paul Bailly, directeur du pèlerinage, ne firent qu'augmenter en nous les sentiments de foi et l'esprit de pénitence que nous devions garder pendant tout le pèlerinage, puis chacun alla revevoir, au pied de l'autel, l'emblème de la prière et de la mortification : une petite croix rouge avec cette inscription : *Servire Domino Christo*, fut attachée sur nos poitrines, et, ainsi armés, nous fîmes de nouveau le sacrifice de notre vie et renouvelâmes la promesse d'accepter avec foi et amour toutes les souffrances et les privations, au devant desquèlles nous allions désormais marcher, pour les âmes du purgatoire, la réparation de tant de sacrilèges, et surtout pour notre pauvre patrie, la France, cette fille aînée de l'Eglise, qui fut jadis le vaillant défenseur de la bonne cause et qui, il y a plusieurs siècles déjà, nous ouvrait le chemin de la Terre-Sainte.

Cette cérémonie terminée, je remontai en voiture et, quelques instants après, je me trouvais sur le pont de *la Bourgogne*, d'où je ne devais descendre que pour poser le pied sur la Terre-Sainte. Les retardataires arrivant, qui en voitures, qui à pied, suivis de portefaix chargés de leurs bagages, les marchands de pliants, d'oranges ou de sirop soi-disant infaillible contre le mal de mer, faisaient autour du bateau un mouvement vraiment curieux.

Mais bientôt tout cela cessa : M. le Vicaire Général venait, au nom de Mgr Robert, bénir la grande croix, élevée sur le pont, et qui était comme l'étendard de cette nouvelle croisade. Tous les passagers, réunis au pied de la passerelle, où se trouvaient le clergé en surplis, les directeurs du pèlerinage et les officiers du bord, entendirent les touchants adieux de M. le Vicaire Général, et les cris de : *Vive la croix, vive la Bourgogne, vive Notre-Dame de la Garde !* en furent l'écho. Puis, tandis que les matelots déroulaient le long et gros cordage qui retenait le navire au port, le cantique si entraînant : *Je suis chrétien*, fut chanté non pas par une voix, mais par quatre cents ! Quel enthousiasme ! Quelle joie ! On chantait et l'on pleurait tout à la fois, mais c'étaient des larmes de joie qui coulaient, car personne, bien certainement, n'aurait voulu, à ce moment-là, donner sa place, à n'importe quel prix.

Mais on n'entend bientôt plus le bruit du treuil qui sert à enrouler la chaîne à laquelle est attachée l'ancre ; c'est qu'elle est déjà accrochée à sa place, le long de la coque du navire. Un remorqueur nous conduit au milieu des

autres navires qui stationnent dans le port, et des bouées
de sauvetage, rochers ou constructions différentes qui
encombrent le bassin, et, en quelques minutes, nous
gagnons le large, après avoir répondu aux adieux réitérés
d'un grand nombre de Marseillais, qui étaient venus nous
accompagner aussi loin que possible, en agitant leurs
mouchoirs. Bientôt le bruit du canon vient se mêler à nos
voix pour saluer Marie-Immaculée ; c'est que nous passions devant Notre-Dame de la Garde, et nous étions
déjà bien loin quand nous lui faisions ce dernier adieu :
Ave maris stella.

Mais à ces sentiments de joie se mêle un sentiment de
tristesse que l'on ressent généralement quand on s'éloigne
de sa patrie ; ce sentiment-là était éprouvé par plusieurs
pèlerins, et, tandis que nous regardions ensemble s'éloi-
gner les côtes de France, une émotion d'un autre genre,
plus grande encore, et aussi plus commune à des passagers, nous força à gagner nos cabines respectives ; nous
étions pris de ce mal que tout le monde connaît de nom,
sinon par expérience, et contre lequel il n'y a pas de ré-
sistance ; en quelques instants le pont se vida presque
entièrement, et on n'entendait plus dans les cabines que
soupirs et gémissements, auxquels succédait un certain
cri qui ne peut se décrire et qui, dès qu'on l'entend, vous
donne, malgré vous, fort envie de l'imiter. Mais je con-
viens cependant que, pour les vaillants, c'est un tableau
assez capable de porter à la gaîté, tout en plaignant les
malades. Mais c'est assez parler de ce vilain mal, dont je
n'ai eu du reste qu'à souffrir un jour.

Le samedi matin, le calme faisant oublier la tempête
de la nuit du jeudi au vendredi, et même de toute la
journée du vendredi, je montai sur le pont, et mon premier mouvement fut de visiter un peu le navire, ou du
moins de faire le tour du pont, car on ne laissait entrer ni
vers la machine, ni dans la cale ; voici à peu près

comment était divisé le pont: à l'arrière se trouvait la chapelle, c'est-à-dire un endroit fermé par des toiles et orné des pavillons du navire, avec trois autels de bois élevés au milieu par les matelots eux-mêmes ; cet espace était fermé à l'extrémité par l'entrée des premières, qui formaient comme un petit vestibule ou petit salon ; a quelques pas de là se trouvait une ouverture servant à l'aération des troisièmes, et par laquelle on descendait soit au réfectoire, soit au dortoir. Les cabines du capitaine, du maître mécanicien et de son aide, les cuisines des premières et des secondes et l'escalier conduisant à la salle à manger des secondes, occupaient le centre ; au-dessus de cet escalier se trouvait la passerelle sur laquelle étaient la boussole et le gouvernail, tout à côté des appartements du commandant. Enfin à l'avant, entre babord et tribord, étaient les écuries des moutons ; un peu plus loin, mais contiguë à celles de tribord, se trouvaient celles des bestiaux, ainsi que les volières. En face était un grand lavabo, qui tenait lieu de cabinet de toilette aux matelots, suivi d'un petit recoin servant d'abattoir au boucher ; au milieu était le treuil dont le principal usage est pour la levée ou la jetée de l'ancre. Là encore se trouvent les cabines du maître cambusier, du boucher et de quelques matelots ; tout cela est couvert par le gaillard d'avant.

Là-dessus, on est en plein air et rien n'arrête la vue ; du reste, c'est là ordinairement que se tient la vigie chargée de signaler les navires au capitaine et aussi d'annoncer la terre dès qu'elle parait à l'horizon. Je passais de longs moments sur cette extrémité du navire, ne me lassant pas de contempler le magnifique tableau de cette plaine liquide qui n'a, pour ainsi dire, pas d'horizon. Mais je continue et termine ma visite domiciliaire par les cabines ; elle est bientôt faite, du reste, car il y a peu ou pas de mobilier, et, quand on en a vu une, on les a toutes vues. Un étroit couloir, ayant environ un mètre de large, sépare la cabine en deux. Contre une paroi sont cloués deux lits, l'un au-dessus de l'autre (mais il ne faut pas les confondre avec de bons lits) ; ils ont plutôt l'air d'un cercueil que d'un lit, tant il y a d'analogie par la forme et la largeur. Ces lits occupent juste la longueur de la cabine, et au fond du petit corridor sont appliquées, contre la troisième paroi, la cuvette et la glace nécessaires pour la toilette du matin ; deux porte-manteaux servent d'armoire pour les quatre habitants de chaque cabine. Cette espèce de chambre n'est éclairée que par un petit œil de bœuf, d'environ quinze à vingt centimètres de diamètre, qu'on appelle *hublot* et que l'on ouvre rarement, afin de ne pas s'exposer à trouver son lit considérablement arrosé, car ce côté-là de la cabine n'est autre chose que la coque du navire.

Voici maintenant quelle était la division du temps pendant la journée : le matin, les messes qui commençaient de très bonne heure ; à 9 h. 1/2, premier service et à 10 h. 1/2, deuxième service ; les deux repas étaient ainsi divisés en deux services, à cause du trop grand nombre de personnes qui ne pouvaient tenir toutes dans les réfectoires ; à 1 h. 1/2, rosaire prêché par un religieux ; à 3 h., chemin de croix également prêché ; de 4 h. 1/2 à 6 h. 1/2, le dîner ; enfin, le soir à 8 h., prière, accompagnée soit d'un sermon, soit d'un second chapelet et de la bénédiction.

Mais comme la vie à bord est aussi monotone que possible je ne parlerai pas des autres journées qui se passaient absolument de même ; je me contenterai seulement de mentionner comme occupation ou plutôt distraction, le passage devant l'île de Malte, l'île Pantellaria et l'île Candie ; mais à cause de l'éloignement nous n'avons pu les voir assez pour en parler plus longuement. Nous passâmes ainsi six jours avec des alternatives de beau et de mauvais temps, bien que cependant la mer fut généralement bonne, lorsque le septième jour, le jeudi 1er mai, vers les huit ou neuf heures du matin, le cri de terre, si attendu, retentit sur le gaillard d'avant et passa bientôt, de bouche en bouche, jusqu'à l'arrière ; chacun aussitôt se précipite à l'avant du navire, afin d'apercevoir plus tôt cette terre bénie vers laquelle nous marchions depuis une semaine. On voyait bien, en effet, se dessiner à l'horizon une ligne blanchâtre qui, si elle n'avait d'abord été reconnue par l'œil expérimenté de la vigie, nous eût semblé plutôt un nuage que les côtes de la Palestine. Nous en étions encore à deux ou trois heures de marche, et le capitaine nous dit qu'il ne pouvait espérer jeter l'ancre avant 11 heures ou midi. Il y eut aussitôt sur le pont et dans les cabines un mouvement inaccoutumé ; c'est que chacun allait changer ses vêtements d'hiver contre un vêtement plus léger que nécessitait le soleil d'Orient, dont nous commencions du reste à sentir les rayons. Presque tous les pèlerins apparurent alors vêtus ou coiffés de blanc, et ceux qui n'avaient pas eu la facilité de préparer d'avance une coiffure *ad hoc*, avaient fait faire à la hâte, par quelque pèlerine complaisante, un couvre-nuque avec un mouchoir ou même une serviette assez peu élégamment arrangée ; du reste nous n'étions pas au bois de Boulogne ni à Hyde-Park, et l'on n'avait nul besoin de s'assujettir aux rigueurs de la mode. Pendant ce temps-là, le navire marchait rapidement, et déjà l'on apercevait très distinctement le couvent du Mont-Carmel, situé tout à fait à la pointe du cap ; au pied, le petit port de Caïffa, et à gauche, la ville de St-Jean-d'Acre, qui fut au commencement de ce siècle, arrosée du sang de nos soldats ; sur le bord de la baie, quelques touffes de palmiers. Déjà nous sommes signalés, et de petites barques, habilement conduites par des indigènes, sillonnaient la mer, venant recueillir les groupes de pèlerins pour les amener à terre, car, la mer étant trop basse dans ce petit port, les gros navires sont obligés de rester au large, et c'était à deux kilomètres de la rive que l'on venait de jeter l'ancre.

L'une de ces barques portait le gouverneur de la ville et le médecin, et, après que les formalités d'usage furent remplies, l'on commença le débarquement et ce n'est pas précisément chose facile que de débarquer ou d'embarquer à Caïffa ; la mer était heureusement très calme, et, grâce à la dextérité de nos pilotes, nous abordons sains et saufs, mais non sans courir quelques dangers, car alors que l'on croit poser le pied sur quelques pierres ou gradins que l'on a la prétention d'appeler escalier, une vague emporte la barque, et si l'on n'était solidement empoigné par les soldats turs qui gardent l'entrée du port, il y en aurait certainement beaucoup plus qui rouleraient dans la mer que de ceux qui mettraient pied à terre.

A mesure que les pèlerins touchaient terre, ils se mettaient à genoux, baisaient le sol béni et récitaient une prière pour gagner l'indulgence plénière.

La petite place en forme de trapèze, sur laquelle nous posons le pied, est envahie par les curieux. Sur les terrasses, aux balcons, dans une galerie en saillie sur la baie, le hight-fife, les musulmans surtout et leurs femmes nous regardent, celles-ci au travers ou à côté de leurs longs voiles ; le menu peuple y va plus simplement. A part quelques yeux un peu farouches, les visages me paraissent avenants ; il en est de si barbus, de si basanés, de si bigarrés par les coiffures, foulards de toutes couleurs noués au front en turbans, que je leur trouve un air sauvage, qui cependant ne signifie peut-être rien d'hostile. Je ne vois par exemple aucune de ces faces patibulaires que nos corruptions ont multipliées chez nous. Les femmes elles-mêmes, la figure fort découverte, se groupent des deux côtés des ruelles informes par lesquelles on nous fait passer ; leurs robes sont à larges plis, multicolores, presque toutes fanées sans retour, comme les visages. Quant aux enfants, ils sont innombrables, presque tous gentils. Ils courent, passent dans les jambes et grimpent partout pour mieux nous voir et pousser ce cri : *Backchiche, signor, backchis !* Ce mot, qui veut dire présent, répond à notre expression française : pourboire. C'est le premier mot que le voyageur entend quand il débarque en Orient, c'est celui qui résonne le plus souvent à ses oreilles pendant ses excursions, c'est le dernier mot qu'il entend à son départ ; et avant même que d'apprendre aux enfants, comme aux nôtres, les mots de : papa et maman, on leur apprend à dire : *backchis !*

Le rendez-vous des pèlerins était à la chapelle des Pères Franciscains, qui sert de paroisse aux catholiques, peu nombreux du reste, de Caïffa, et, après avoir reçu la bénédiction du Saint-Sacrement, nous nous préparâmes à gravir processionnellement le sentier escarpé et tortueux qui conduit au couvent. Avant de gravir la montagne, nous dûmes traverser quelques rues bordées de maisons ou de haies de cactus. L'effet de cette procession, composée de 400 personnes, accompagnées d'une centaine de petits portefaix chargés de sacs et de couvertures, est impossible à dire.

Après le chant du *Te Deum*, vint celui du *Magnificat* et de l'*Ave maris stella* ; on récita ensuite le rosaire.

Après un peu plus d'une heure de marche à travers une montagne couverte de verdure, d'arbres de toutes sortes, tels que oliviers, caroubiers, térébinthes, figuiers, etc., qui répandaient une odeur délicieuse, mêlée au parfum des fleurs les plus variées qui couvrent le mont Carmel, nous arrivons à l'entrée du couvent, sur la terrasse duquel flottait le drapeau français. Les cloches annonçaient aux échos d'alentour l'arrivée du pèlerinage, et un nouveau salut nous réunit tous dans la chapelle, après quoi chacun se rend au dortoir, qui n'était autre chose que les immenses corridors où un grand nombre de paillasses avaient été disposées sur des nattes, pour nous servir de lits : on aurait sans doute préféré de vrais lits pour se reposer des fatigues d'une assez longue traversée, mais nous ne venions pas chercher ici le confortable, mais bien faire pénitence ; chacun donc dépose son bagage et descend ensuite contempler le panorama magnifique que l'on a sous les yeux. A droite, au pied de la montagne, c'est le petit port de Caïffa ; devant soi et à gauche, la vue s'étend aussi loin que possible sur la Méditerranée, dont les eaux calmes et azurées, ce jour-là, semblaient plutôt être les eaux d'un lac que l'onde amère. J'admirai surtout le coucher du soleil ; quel spectacle, en effet, plus beau que celui de la mer engloutissant le disque rouge du soleil.

Mais bientôt la nuit arriva, et, comme il était déjà sept heures, on nous convoqua pour le souper : nous nous dirigeâmes alors vers un bâtiment isolé que l'on appelle le Palais, car ce bâtiment sert ou servait de résidence d'été au Pacha. C'est dans une grande salle voûtée, située au rez-de-chaussée, que l'on mit les quatre cents couverts des pèlerins ; c'est moins que le confortable que l'on y trouve, mais on songe plutôt à admirer la générosité et le dévouement des bons Pères que leur mobilier, et l'on est certes bien heureux de puiser au hasard de la fourchette, dans une vaste terrine, un morceau de mouton bouilli ou de chèvre, que l'on fait suivre d'un plat de légumes quelconques, et d'un dessert composé d'une orange et d'une tasse de café ; après ce modeste repas, on ne tarda pas à aller prendre un repos bien nécessaire pour nous remettre de nos fatigues. Le lendemain matin, de bonne heure, tout le monde était sur pied, c'était pour assister à la messe du pèlerinage qui se disait dans l'église du couvent ; je m'y rendis donc un peu avant l'heure prescrite, afin d'examiner plus en détail la chapelle, élevée sur la grotte du prophète Elie. C'est une croix latine surmontée d'un dôme au centre ; elle est tout entière pavée de marbre ; à droite et à gauche, deux petits autels ; au fond, en face de la porte, le maître-autel, d'une fort belle architecture, auquel on arrive par une dizaine de marches en marbre blanc. Cet autel, consacré à Notre-Dame du Mont-Carmel et surmonté de sa statue, est élevé au-dessus de la grotte d'Elie, à laquelle on arrive par deux ou trois marches ; cette grotte, dont aucune des parois n'a été cachée par l'art aux yeux du pèlerin, peut avoir trois mètres environ de hauteur sur deux de large ; un modeste autel, surmonté de la statue du prophète, en occupe le fond.

Les sons de l'orgue me rappelèrent alors que la messe commençait et je m'associai aussitôt aux prières et aux chants que le pèlerinage tout entier adressait à Marie, mère de Dieu, si particulièrement vénérée en ce lieu ; et d'ailleurs que de choses à demander et aussi que d'actions de grâces à rendre. Pendant la messe, le Révérend Père Supérieur des Carmes nous raconta, en quelques mots, les faits dont ces lieux avaient été témoins ; le Révérend Père Bailly remercia ensuite, au nom de tous, les Pères de leur bonne hospitalité, et, nous ayant donné ses avis pour la journée, il nous engagea à aller entendre, au milieu du jardin, une messe de *requiem*, dite par Monseigneur Constant, l'un de nos pèlerins, pour le repos de l'âme des soldats français morts au siège de St-Jean-d'Acre, et dont les cendres, recueillies par les Pères Carmes, avaient été déposées en ce lieu, à l'ombre d'un monument élevé par eux à leur mémoire.

Après ces différentes cérémonies, chacun se dirigea vers la grille du couvent, où le frère Benoît nous avait donné rendez-vous pour aller visiter les environs du couvent ; c'est ainsi que nous allons visiter la chapelle et la grotte de St-Simon Stock, la grotte des Prophètes, qui ressemble assez à une immense chambre taillée dans le roc, par la nature. C'est là qu'Elie réunissait ses disciples pour y étudier et y prier ensemble ; sur le côté gauche de la grotte se voit un enfoncement qui aurait, selon la tradition, servi d'asile à la sainte Famille, à son retour d'Egypte. Comme nous étions descendus jusqu'au bord de la mer, quelques-uns d'entre nous en profitèrent pour s'y baigner, et nous remontâmes au couvent, car l'heure du repas approchait et l'air embaumé des montagnes, mêlé à celui de la mer, nous avait singulièrement aiguisé l'appétit.

Immédiatement après le repas, le Révérend Père Bailly réunit tous les pèlerins pour former les différents groupes et leur donner à chacun leur chef respectif. Nous fûmes ainsi divisés en quatre groupes différents : le premier était composé de ceux qui devaient aller directement à Jérusalem ; le deuxième était composé de ceux qui allaient à Nazareth seulement ; le troisième de ceux qui allaient à Nazareth, à Tibériade et au Thabor, et enfin ceux qui se rendaient à Jérusalem par la Samarie, formaient le quatrième groupe. Après avoir reconnu notre drogman et le drapeau dont la couleur indiquait le groupe, nous nous séparâmes et j'allai, en compagnie du frère Léonce Pivert, religieux célestin, avec lequel j'avais fait connaissance sur le bâteau, me promener dans la propriété des Pères, et, après quelques instants de marche, nous nous assîmes sur un tertre dominant la mer, nous plaisant à contempler le splendide panorama qui se déroulait sous nos yeux, et ce ne fut que le son de la cloche nous invitant à la bénédiction du Saint-Sacrement, qui nous arracha à notre admiration autant qu'à notre conversation. Rien de particulier ne clôtura cette seule mais agréable journée passée au Mont-Carmel, dont l'Ecriture sainte cite souvent la beauté. Le lendemain matin, 3 mai, nous devions partir pour Nazareth, et comme nous avions une longue course à faire, il nous fallut nous lever dès quatre heures, afin d'entendre la sainte messe avant le départ ; le temps sombre et même pluvieux ne nous effraya point, et à 6 heures nous descendions la pente du Carmel, au bas de laquelle nos montures nous attendaient, ainsi que nos drogmans et mouckres. Les premiers arrivés s'emparèrent naturellement des meilleures montures, et les derniers durent se contenter du rebut, c'est-à-dire des ânes ou chevaux plus ou moins usés et décharnés par suite des privations ou des mauvais traitements que leurs propriétaires leur font endurer ; mais l'état de leur santé nous inquiétait moins à ce moment-là que l'état de leur harnachement ; aussi n'entendait-on de tous côtés que réclamations à ce sujet : mon cheval n'a pas de bride, disait celui-ci, la selle de mon âne n'est pas solide, disait celui-là ! mouckre, attachez donc cet étrier ! Ah ! mon Dieu, mon âne est méchant ! et, au milieu de toutes ces plaintes, celle du mouckre dominait encore, et sans cesse le mot de backchis retentissait à nos oreilles, et si le bâton noueux d'un drogman ne s'était abattu, avec l'énergie qu'engendrent la colère et l'impatience, sur le dos de l'un de ces mendiants importuns, ce n'aurait été qu'à prix d'argent que l'on s'en serait débarrassé. Enfin, tout est prêt, notre porte-drapeau ouvre la marche et chacun se range à sa suite, ce qui forme une assez longue colonne à laquelle la variété de nos costumes, où le blanc domine, donne une tournure vraiment pittoresque ; mais, peu importe, tous les visages respirent la joie. Après avoir longé les maisons bâties à l'européenne, de la colonie prussienne, nous entrons dans Caïffa, et, en présence d'une multitude de curieux, nous traversons les rues sales et étroites de la cité, puis le cimetière musulman ; nous passons ensuite entre deux haies de cactus : quelle différence entre ces plantes qui ont grandi en plein soleil d'Orient et celles que nous cultivons avec tant de soin

dans nos serres de France! Ici, elles montent d'ordinaire
à trois et quatre mètres, et, par leurs larges feuilles
et leurs piquants, opposent au maraudeur une barrière
infranchissable.

Nous traversons, tout en récitant le rosaire ou en chantant des cantiques, une belle et grande plaine arrosée par
le Cison, que l'on passe à gué assez facilement, car, dans
cette saison, il y a très peu d'eau. Après avoir ainsi che-
vauché de trois à quatre heures, nous nous arrêtâmes
pour prendre le repas que notre drogman Maroum nous
avait préparé ; la table, si je puis appeler ainsi les tapis
étendus à terre à cet effet, sur lesquels des couverts de
fer blanc avaient été mis pour chacun, était dressée à
l'ombre d'un grand chêne, et chacun s'asseyant sur
l'herbe, malgré la pluie qui tombait assez abondamment,
on vit disparaître en un clin d'œil les provisions de
viandes froides, d'œufs et d'oranges que des chameaux
avaient préalablement apportées ; le café surtout fut très
apprécié, car il remplaçait le brasero que la température
froide faisait presque désirer.

Immédiatement après le repas, on remonte à cheval :
nous traversons deux ou trois petits villages, dont l'un
n'est composé que de huttes en terre, habitées par des
mendiants à peine vêtus : parfois nous rencontrons quelques Bédouins nomades traversant à cheval les champs
et les montagnes ; ils ont un aspect sinistre avec leur cein-
turon garni de pistolets et de poignards, leur grande lance
et leur figure noire enveloppée d'un foulard également
noir attaché autour de la tête par une cordelière en poils
de chèvre.

Cependant la journée s'avançait, et nous ne pouvions
être éloignés de Nazareth ; du reste nous étions généralement fatigués et nous désirions ardemment être arrivés,
lorsque tout à coup notre drogman s'écria : « Voilà Nazareth ! » En effet, Nazareth se découvre à nos yeux. Les

maisons en sont coquettement éparpillées sur les flancs d'une montagne couverte de fleurs et d'arbres de toutes sortes ; encore quelques minutes et nous serons agenouillés dans l'église de l'Annonciation.

Je ne puis dire l'impression que je ressentis en entrant dans cette petite ville où s'est écoulée la plus grande partie de la vie de Notre-Seigneur.

Aussitôt arrivés, nous nous mettons en procession, et, le chapelet à la main, nous traversons la principale rue de la ville, pour nous rendre à l'église où la bénédiction nous fut donnée.

Après cette cérémonie, chacun va prendre possession de son logement ; on en avait besoin et tous furent très-heureux de pouvoir se reposer. Le lendemain, de bonne heure, la messe du pèlerinage nous réunissait tous à la basilique et, pendant cette messe, Monseigneur Constant nous édifia en nous rappelant le touchant mystère de l'Incarnation, en même temps qu'il nous charma par sa diction facile et poétique. Mais combien il était surtout édifiant de voir avec quel respect et quelle piété les habitants entendaient la messe ; dans la nef principale se tenaient tous les hommes, et les femmes, au contraire, restaient ensemble, accroupies dans une nef latérale ; c'est, paraît-il, une habitude de l'Orient, que jamais les hommes et les femmes ne se réunissent dans un lieu public. Mais je ne prétends pas donner ici un aperçu des mœurs et coutumes d'Orient, et je veux maintenant essayer de décrire l'église de la Nativité. De prime abord, elle semble dénudée, en ce sens que l'on ne voit ni chaises ni bancs, comme dans nos églises, et l'aspect en est aussi moins austère, à cause des marbres et peintures aux couleurs éclatantes dont elle est ornée. Le pavé est tout en carreaux de marbre blanc et rouge, ainsi que les murs jusqu'à hauteur d'appui ; le reste des murailles est tapissé d'arabesques.

En entrant on a devant soi, à une vingtaine de pas, le maître-autel, auquel on arrive par quatorze marches de marbre blanc; cet autel, de marbres de différentes couleurs, est surmonté d'un tabernacle également de différents marbres richement sculptés. Une clôture de bois travaillé sépare cet autel du chœur des Pères Franciscains.

En redescendant du maître-autel, on trouve, au bas de l'escalier, la grotte où s'est accompli le grand mystère; cette grotte est divisée en deux parties : on arrive à la première par une dizaine de marches ; deux autels y sont dressés, l'un à saint Joachim, l'autre à l'archange Gabriel; de là deux petites marches mènent à la partie la plus sainte de la grotte, celle où se trouvait la Sainte-Vierge pendant l'Annonciation. Un seul autel est dressé à l'endroit même où se tenait la sainte Mère de Dieu, lorsqu'elle répondit à l'Envoyé céleste : « Je suis la servante du Seigneur, qu'il me soit fait selon votre parole. » Une rosace taillée dans le marbre, sous la tablette de l'autel et surmontée de la croix du Saint-Sépulcre, indique la place exacte de la Sainte-Vierge; au-dessus de cette rosace sont gravés ces mots : *Verbum caro hic factum est*; plusieurs lampes brûlent à cet endroit si précieux. Au-dessus de l'autel se trouve un tableau encadré d'argent, représentant l'Annonciation. De l'extrémité de cette grotte, une petite porte mène dans une salle appelée cuisine de la Sainte-Vierge, mais le frère Liévin, notre guide, n'ose nous affirmer que ce soit réellement la cuisine de la Sainte-Famille.

Voilà tout ce qu'il y a de remarquable dans l'église de Nazareth, et d'ailleurs, il se faisait tard, et mon compagnon et moi voulions aller visiter un peu la ville, avant le dîner, aussi dirigeâmes-nous nos pas, en compagnie d'un jeune homme du pays et élève des Jésuites de Beyrouth, vers les principaux quartiers de la ville ; ce fut bientôt fait du reste, d'abord parce que la ville est petite et resserrée, ensuite parce que la pluie nous ayant surpris, nous fûmes obligés de retourner sur nos pas ; notre promenade s'était seulement bornée au télégraphe, pour envoyer une dépêche en France. Ce n'est du reste pas la peine de s'étendre sur la description de la ville, car l'intérieur ne répond pas à l'extérieur et n'est rien moins qu'affreux. Le soir une procession eut lieu aux divers sanctuaires de la ville, qui sont : *mensa Christi* ou oratoire renfermant une pierre sur laquelle Notre-Seigneur a mangé avec ses apôtres ; l'atelier de saint Joseph, la fontaine où la Sainte-Vierge allait puiser de l'eau, enfin la montagne de l'Effroi où accourut la Sainte-Vierge en apprenant que l'on voulait jeter son Fils dans un précipice.

Le soir, à cinq heures, un salut solennel, chanté par de jeunes arabes, nous réunit de nouveau à l'église et clôtura cette première journée passée à Nazareth. Le lendemain, les pèlerins se divisèrent et la plupart partirent pour Tibériade et le Thabor ; d'autres restèrent à Nazareth, où ils purent goûter à leur aise les douceurs inspirées par ce lieu doublement sanctifié par Jésus enfant et par sa très sainte Mère.

L'après-midi du mardi fut consacrée au pèlermage de Cana, situé à une lieue de Nazareth.

Après avoir traversé des chemins tortueux mais verdoyants, nous apercevons le village de Cana perché sur une petite colline, au milieu d'un pays riant quoique peu cultivé. Dès que les Pères furent avertis de notre arrivée, le drapeau blanc aux armes de Terre-Sainte fut hissé sur la terrasse du couvent, et les cloches annonçaient notre arrivée à la population. La bénédiction du Saint-Sacrement nous fut donnée dans la chapelle des Pères, bâtie sur l'emplacement de la maison des noces, après quoi l'on nous mena aux ruines de la maison de saint Barthé-

lemy et enfin à l'église grecque, où nous voyons deux
des urnes dans lesquelles l'eau fut changée en vin. Après
avoir reçu les pèlerins de Tibériade qui arrivaient de leur
côté, nous reprimes la route de Nazareth où nous arrivâmes à la tombée de la nuit. Le lendemain matin, à sept
heures, nous quittions cette ville pour aller reprendre la
mer à Caïffa ; après la sainte messe, chacun alla prendre
sa monture et, quelques instants après, nous chevau-
chions sur la route de Caïffa, sous un soleil vraiment tropical, et d'ailleurs il suffit de dire que nous avions à supporter cinquante degrés de chaleur et même cinquante-
cinq à midi. Mais bientôt le courage nous fut rendu par
la vue de la mer dont nous étions encore éloignés de
plusieurs heures ; enfin, à six heures, nous entrions dans
le petit port de Caïffa et ce n'est pas sans un certain
plaisir que nous mettons pied à terre, car douze heures
de cheval ou d'âne sont quelque peu fatigantes. Mais
nous quittions un ennui pour en trouver un autre : la mer
était à ce moment-là assez agitée et ce ne fut que grâce
à l'extrême habileté de nos pilotes que nous arrivâmes
sans encombre à bord de *la Bourgogne*. Ce n'était précisément pas rassurant de voir nos petites barques descendre d'abord dans un gouffre, puis remonter sur une
véritable montagne d'eau d'où nous apercevions le paquebot ; mais aussitôt vu aussitôt disparu, un nouveau gouffre
s'ouvrait devant nous et nous y étions aussitôt précipités :
enfin, grâce à Dieu, il n'arriva rien de fâcheux, et à neuf
heures du soir, après la réception de son Excellence le
Patriarche, qui venait du Mont-Carmel, le sifflet retentit
et *la Bourgogne* nous emmenait vers Jaffa, par une nuit
vraiment féerique. A cinq heures du matin, nous mettions
pied à terre, rencontrant toujours les mêmes difficultés
qu'à Caïffa, pour ne pas dire plus, mais je réserve pour
plus tard la description de Jaffa que nous ne prîmes pas
le temps de visiter, car il s'agissait d'arriver à Jérusalem

dans la même journée et nous avions soixante-dix kilomètres à faire. Des voitures avaient été disposées pour
nous, mais il ne fallait pas trop les examiner si l'on voulait être rassuré pendant la route, car ce n'étaient pas
précisément des calèches à huit ressorts ni même des
breacks à quatre ressorts; c'étaient, du moins celle que
nous occupions, mon compagnion et moi, tout simplement
un char auquel on avait adapté deux banquettes recou-
vertes de deux mauvais coussins. Nous nous entassâmes
cependant dix dans ce modeste équipage conduit par trois
chevaux, et, après avoir fait une provision des fameuses
oranges de Jaffa, nous partimes au galop, traversant la
principale rue de la ville, garnie de boutiques plus ou
moins bien achalandées, et remarquant que quelques
unes étaient disposées tout à fait à l'européenne. Nous
traversons aussi le marché, mais la rapidité avec
laquelle nous marchions ne nous permet pas de voir
quelles sortes de marchandises sont étalées à terre, ni
d'examiner les types des marchands, acheteurs ou cha-
meliers, conduisant leurs cinq ou six chameaux attachés
l'un derrière l'autre. En sortant de la ville, nous entrons
immédiatement dans ce que l'on appelle les jardins de
Jaffa; c'est une forêt d'arbres fruitiers de toutes sortes,
tels que figuiers, palmiers, bananiers, cactus, grenadiers
et surtout orangers et citronniers, qui s'élèvent à des
hauteurs considérables, comme en France les bois taillis;
ces jardins occupent une longueur de deux kilomètres.
Nous suivons ainsi, pendant trois ou quatre heures, une
route assez agréable quoique un peu cahoteuse, lorsque,
vers les onze heures, nous atteignons Ramleh, petite ville
assez bien bâtie, où l'on fait une halte, ce qui nous permet
d'aller faire une visite au couvent des Pères Franciscains
qui occupe l'emplacement de la maison de saint Nicodème; de là nous nous rendons chez les Sœurs de Saint-
Joseph et nous remontons en voiture. Je ne puis cepen-

dant passer sous silence la visite d'une dizaine de lépreux qui viennent tendre vers nous leurs mains tellement rongées par le mal que l'on a de la peine à en reconnaître la forme ; leurs bras ressemblent plus à une branche d'arbre desséchée et couverte de nœuds qu'à des membres humains ; que dire aussi de leur figure ! Je ne peux que la comparer à une tête de mort recouverte de plaies plus ou moins rongées par les vers. Ce spectacle est réellement affreux, aussi n'avons-nous pas le courage de leur jeter l'aumône et les renvoyons-nous d'un air presque menaçant.

Désormais la route devient assez mauvaise, tant à cause des pierres ou des ornières que des tournants rapides que nous rencontrons ; aussi, si ce n'est pas trop excentrique, je peux dire que l'on pouvait réellement se croire plutôt dans un panier à salade que dans une voiture, tellement nous y étions secoués. Cependant nous arrivons tant bien que mal à El-Latroun, patrie du bon larron ; là un déjeûner assez confortable nous avait été préparé à l'auberge Howard, et nous permit de nous reposer pendant près de deux heures, tout en nous épongeant, car nous étions littéralement ruisselants de sueur ; un pèlerin évaluait à 60 degrés la température sous laquelle nous étions ; cela n'a rien d'étonnant, du reste, nous étions en plein soleil, sur une route absolument dénuée d'arbres ou d'ombrages quelconques, et il était midi et demi. Mais nous n'avions pas de temps à perdre, car nous étions encore très-éloignés de Jérusalem, et notre cocher nous ayant fait signe de remonter, nous reprimes rapidement notre route qui devenait de plus en plus mauvaise ; nous ne comptions plus descendre jusqu'à Jérusalem, mais une circonstance imprévue nous y obligea et nous le fit faire d'une toute autre manière : la nuit était déjà venue depuis deux heures environ, lorsque, en descendant une pente très-raide et bordée de précipices d'un côté, notre voiture rencontrant une pierre ou ayant tourné trop brusquement, nous fûmes précipités tous, ainsi que nos bagages, au milieu de la route, mais fort heureusement on ne constata aucun mal sérieux, et, après avoir relevé la voiture, nous reprîmes notre chemin, riant de notre petite aventure qui aurait pu être cependant des plus graves, mais la Sainte-Vierge nous gardait et nous n'avions rien à craindre sous sa protection.

Soudain nous apercevons des lumières dans le lointain, et nous commencions déjà à nous réjouir, croyant que c'était Jérusalem; mais nous eûmes bientôt une déception en nous trouvant en présence d'un caravansérail, où l'on nous fit arrêter pour faire reposer les chevaux avant de gravir la dernière côte qui nous séparait de Jérusalem; mais l'idée que nous n'avions plus qu'une heure de chemin, avant d'atteindre le but de notre pèlerinage, nous rendit force et courage, et gaiement nous repartîmes, au risque et péril de verser une autre fois.

Enfin nous apercevons, éclairés par la lune, les minarets et les coupoles de la ville sainte; cette fois-ci nous y touchions à cette Jérusalem qui renferme le tombeau le plus saint et le lieu, seul au monde, où a été planté l'arbre de notre rédemption; avec quelle joie nous mettons pied à terre pour baiser avec respect ce sol béni et réciter à genoux le *Lætatus sum*. J'étais à Jérusalem! Je croyais rêver et cependant les émotions que j'ai ressenties en franchissant ses murs me prouvaient bien que c'était la réalité et que je foulais aux pieds le même sol qui avait été foulé par Notre-Seigneur.

Je ne puis parler ici de l'aspect de la ville; nous ne prîmes pas le temps de l'examiner, et d'ailleurs nous ne le pouvions guère, car il était près de minuit. Notre drogman nous conduisit aussitôt à nos logements respectifs et, quelques instants après, mon compagnon et moi, nous reposions tranquillement à l'hôtel de Damas.

Le lendemain matin, notre premier soin fut de nous rendre au St-Sépulcre où devait se dire la messe du pèlerinage. Combien notre cœur battait d'émotion en parcourant les rues de cette cité sainte qui a été choisie par Dieu pour être le garde-dépôt des vérités éternelles et le théâtre de la Rédemption des hommes ; mais combien plus grande encore fut notre émotion lorsque, quelques instants après, nous nous prosternions, en y imprimant nos lèvres, devant la pierre de l'onction, où le Sauveur fut posé sanglant. Nous gravissons ensuite les quelques marches qui conduisent au Calvaire, et, après y avoir entendu la sainte messe, nous allons nous agenouiller devant le St-Tombeau.

Quel bonheur était le nôtre ! Ce n'était plus une espérance, c'était bien la réalité ! C'était bien le lieu qui avait reçu pendant trois jours la dépouille mortelle de Jésus-Christ. Nous étions dans le sanctuaire où la croix fut plantée, où le sang de l'Homme-Dieu fut répandu, où, en un mot, le mystère de notre Rédemption fut accompli.

Mais avant de donner la description de l'église du St-Sépulcre, je veux essayer de dépeindre la ville de Jérusalem et introduire le lecteur dans ses différents quartiers.

« Toutefois, je ne veux pas le dissimuler dès l'abord, la visite de Jérusalem est une chose sérieuse. Voulez-vous une partie de plaisir ? Cherchez-vous des sites pittoresques et gracieux, les vertes prairies en pente, les forêts de sapins, les cascades mugissantes et tout ce qui fait le charme d'une promenade en Suisse ou dans les montagnes de l'Auvergne ? ne venez pas à Jérusalem.

Ne venez pas davantage chercher à Jérusalem la fraîcheur ni la beauté ; tout porte ici la trace de la malédiction. On dirait une tour antique ou bien un chêne séculaire, le lendemain d'un orage où la foudre aurait incendié la flèche hardiment élancée, renversé les branches nerveuses et dispersé les feuilles au loin,

Jérusalem ne ressemble à aucune de nos villes et ne peut offrir aucun de leurs attraits. Voyageurs qui ne savez ni croire ni aimer, passez votre chemin ! N'entrez pas sous la voûte de la porte de Jaffa, la première qui vous livre le seuil de la ville sainte ; il n'y a de Jérusalem que pour un cœur chrétien. Pour lui, la pensée reconstruit les temples, rouvre les tombeaux, retrouve les chemins, entend les mêmes voix, assiste aux mêmes scènes ; pour lui, le souvenir ravive tout ce qui touche au divin ; et la grotte de Gethsémani, et les aspérités de la voie douloureuse et le prétoire de Pilate, transforment l'auguste passé en un présent qui le rend muet d'admiration et de douleur. »

L'enceinte fortifiée qui entoure actuellement Jérusalem, fut élevée par Soliman en 1534 ; elle a 13 mètres de hauteur et un mètre cinquante d'épaisseur. Elle est flanquée de tours et de bastions. Ces ouvrages d'ailleurs sont fort délabrés et résisteraient difficilement au feu d'une batterie européenne. Un chemin, d'une longueur d'environ quatre kilomètres, longe presque constamment cette enceinte et permet ainsi d'en faire le tour.

Six portes donnent accès dans la ville : la porte de Damas, au Nord, ou de Naplouse, la plus belle et la mieux construite ; du même côté, à l'Est, la porte d'Hérode, ainsi nommée parce que Hérode Agrippa fit construire l'enceinte sur laquelle cette porte est bâtie ; sur la vallée de Josaphat, la porte St-Etienne, ainsi appelée des chrétiens, parce que c'est près de là qu'eut lieu le martyre de ce saint ; les Musulmans l'appellent porte de Madame Marie parce qu'elle conduit au tombeau de la Ste-Vierge. Au sud, la porte des Maugrebins, ancienne porte Sterquiline ; sur la même face, la porte de Sion, qui conduit au mont Sion et au Cénacle ; et enfin à l'Ouest, la porte de Jaffa, qui donne sur la route de Jaffa. Trois rues principales traversent la ville de part en part : la rue de David qui mène de la porte de Jaffa à la mosquée d'Omar ; elle est coupée par une autre qui va de la porte de Damas à la porte de Sion, en passant près du St-Sépulcre ; une troisième va de la porte St-Etienne au couvent du St-Sauveur, et forme la voie douloureuse.

L'enceinte renferme quatre hauteurs principales et une vallée : le mont Sion, le mont Gareb ; autour du Saint-Sépulcre, le mont Bézétha et le mont Moriah, occupé par le temple. Il y en avait une cinquième, le Golgotha, aujourd'hui enfermée dans l'église du Saint-Sépulcre. Au sud se trouve la vallée des Tyropéons, occupée par les juifs. Jérusalem compte 23,000 habitants, qui se répartissent en 10,000 juifs, 7,560 musulmans, 1,640 chrétiens catholiques, 3,830 chrétiens schismatiques ou hérétiques.

Le commerce est nul ; on n'y vend guère que les objets nécessaires à la vie, et quelques objets de piété ; c'est la ville des souvenirs ; tout a l'aspect triste et sombre, grâce aux voûtes qui couvrent les principales rues et en font plutôt des espèces de tunnels que des rues, le long desquelles sont rangées quelques boutiques, où les denrées de toutes sortes, fruits, viande, légumes, etc., sont exposées au public, et aussi aux mouches qui les dévorent avant que d'être vendues ; aussi est-il prudent de fermer les yeux sur ce qui constitue l'alimentation des voyageurs.

Mais il ne faut pas se montrer trop exigeant pour les marchandises, tandis que les habitants ont eux-mêmes beaucoup à redire sous le rapport de la propreté : et à part quelques catholiques, on ne rencontre guère que des gens plus ou moins déguenillés, parfois même à moitié nus, marchand nu-pieds, ou quelquefois avec des pantoufles. On ne peut dire absolument quel est le type de Jérusalem, car la population est tellement mélangée qu'il serait difficile de reconnaître le véritable Jérosolymite. Le Grec se coudoie avec l'Arménien, le Russe avec l'Allemand, et il n'est pas rare non plus de voir près l'un de l'autre l'Abyssien dont le noir d'ébène fait contraste avec le teint blanc du Français.

Après ce rapide coup d'œil sur la ville, retournons au Saint-Sépulcre que nous allons visiter en détail. Mais comme c'est à cette basilique que viennent aboutir tous les pas et toutes les aspirations du pèlerin de Terre-Sainte, il ne sera pas inutile, je crois, d'en retracer succinctement l'histoire.

Je laisse parler là-dessus Monsieur l'abbé Mourot : « La première église du Saint-Sépulcre appelée, aussi de la Rédemption et Martyrium, fut bâtie en 326 par Constantin qui confia l'exécution des travaux à saint Macaire, évêque de Jérusalem. On y travailla pendant dix ans ; sainte Hélène, malgré ses quatre-vingts ans, était venue à Jérusalem pour encourager les ouvriers.

Au dire d'Eusèbe de Césarée, le Temple était d'une magnificence extraordinaire ; il s'élevait entre le St Sépulcre et le Calvaire et renfermait les autres sanctuaires dans ses murs : il est à regretter que pour opérer le rapprochement et niveler le sol de la Basilique, la mère de Constantin se soit crue obligée de découper les flancs du Calvaire et du St-Sépulcre ; il aurait fallu couvrir tout cet espace avec une voûte immense, merveille de sculpture, prodige de décoration, si l'on voulait, mais ne rien changer à la disposition intérieure, laisser à ce rocher, à cette caverne, à ce jardin pierreux, leur physionomie âpre et sauvage, ne pas toucher à une particule de poussière, encadrer d'or le Golgotha, avant tout le laisser intact.

La superbe basilique bâtie par Constantin, conserva toute sa splendeur jusqu'en 614. A cette époque, Chosroès, roi des Perses, enleva tout ce qu'elle avait de plus précieux, entre autres, la croix et les instruments de la Passion, puis la livra aux flammes.

Grâce à la puissante intervention de la femme du

vainqueur, qui était chrétienne et sœur de Maurice, empereur de Constantinople, un moine nommé Modeste, d'abord abbé du couvent de Saint-Théodose, puis évêque de Jérusalem, put en moins de quinze ans, non pas réédifier l'antique basilique de Sainte-Hélène dans ses proportions grandioses, mais recouvrir d'un édifice particulier chacun des vénérables sanctuaires, connus sous le nom de : 1° église de la Résurrection ; 2° église du Golgotha ; 3° église de l'invention de la Croix; 4° église de la Sainte-Vierge.

On doit à la modération du kalife Omar, la conservation de l'ensemble de ces monuments, lors de la prise de Jérusalem par les Arabes, en 636. Mais le kalife Hakem qui se faisait passer pour un dieu, envoya un de ses lieutenants pour dévaster le Saint-Sépulcre et le Calvaire, dont les quatre églises ne furent rebâties que trente-sept ans plus tard, en 1047, par l'empereur grec, Constantin IX.

Après la prise de Jérusalem, en 1079, le premier soin de Godefroy de Bouillon, fut de placer au Saint-Sépulcre vingt chanoines.

La disposition des sanctuaires était encore telle, lorsqu'en 1130, les croisés entreprirent de les réunir dans un seul monument. C'est alors aussi qu'ils établirent l'entrée principale de la basilique du côté du sud en y construisant la façade actuelle.

Les divisions des croisés ne tardèrent pas à ébranler le trône des rois latins de Jérusalem.

Saladin, soudan d'Egypte, s'étant rendu maître de Jérusalem, après la bataille d'Hittin (1187), fut sollicité par les Musulmans de détruire la basilique du Saint-Sépulcre ; il s'y refusa et la revendit aux Syriens qui y placèrent quatre prêtres seulement pour la desservir.

En 1230, Grégoire IX établit les Franciscains gardiens du Saint-Sépulcre, mais ceux-ci n'en prirent possession qu'en 1244.

Quand les Karesmiens, barbares chassés de leur pays par les Mongols, vinrent piller et brûler la ville sainte, une troupe de religieux, d'enfants et de vieillards cherchèrent vainement un asile dans l'église du Saint-Sépulcre, car les païens y étant entrés, les passèrent tous au fil de l'épée.

Cependant l'église ne fut pas détruite : les Juifs avaient obtenu d'Ahmed Ier, en 1607, la démolition de la basilique, pour la somme de 5.000 ducats d'or, mais grâce à l'ambassadeur de Venise, cette démolition n'eut pas lieu. Au dix-septième siècle, l'édifice fut restauré par Louis XIV.

En 1555, les Franciscains avaient déjà reconstruit sous la grande coupole, le monument du saint Tombeau. Mais, en 1808, un nouvel incendie, attribué à la malveillance des Grecs schismatiques, détruisit une partie de la basilique dont ils voulaient se rendre maîtres, car il est d'usage en Orient que celui qui répare un édifice dévasté, en a la propriété. Les réparations en avaient été confiées à un affreux maçon de Constantinople qui, non content de refaire une coupole du plus mauvais goût, de remplacer des colonnes corinthiennes par des piliers lourds et carrés, démolit de ses propres mains l'édicule du tombeau, demeuré intact, en arracha les mosaïques, en gratta les inscriptions latines, qu'il fit disparaître sous de grossiers revêtements, et mit à la place, des inscriptions grecques.

C'était une prise de possession.

Pour qu'elle fût plus complète, les envahisseurs s'emparèrent de la chapelle de la plantation de la Croix et de la pierre de l'onction.

Cependant sur la demande de l'ambassadeur de France, il fut défendu aux Grecs de réciter leurs offices sur le Calvaire et le Saint Tombeau. Les Latins pouvaient y offrir seuls le Saint-Sacrifice, cela dura neuf ans, mais à force d'argent, les Grecs obtinrent de rentrer dans leur ancien privilège et, le 28 décembre 1818, les Latins furent de nouveau dépossédés. » Aujourd'hui encore, les Franciscains n'ont pas le droit de célébrer à l'autel de la plantation de la croix, et ils n'ont que trois heures par jour ou plutôt par nuit, pour célébrer leurs officices sur le Saint Tombeau. Quand donc cette basilique sera-t-elle exclusivement la propriété des catholiques ? Quand donc aussi verrons-nous la France, à qui le titre de fille aînée de l'Eglise ou de nation choisie de Dieu, impose plus encore qu'à toute autre nation européenne, le devoir de protéger les Lieux-Saints, quand donc, dis-je, la verrons-nous planter son drapeau sur tous ces monuments vénérés, dont le sol ne devrait être foulé par aucun pied schismatique. Mais, après tout, peu m'importent les négligences d'une nation, les crimes de ces usurpateurs, les transformations des siècles, je suis sûr que j'entre dans le lieu où mon Créateur a voulu souffrir et mourir pour le salut de l'humanité tout entière, cela me suffit ; et d'ailleurs le souvenir du pardon de Notre-Seigneur au larron me défend de garder le moindre sentiment d'animosité ; là encore de cruels bourreaux ont attaché Jésus sur la croix, et pas une plainte n'est sortie de sa bouche : entrons donc avec un saint recueillement pour visiter et vénérer ces saints endroits.

Et d'abord, à gauche en entrant, l'on est tout étonné de voir, mollement étendus sur des divans, deux ou trois Musulmans qui sont les portiers de la basilique ; ils fument toute la journée leur narghilé, qu'ils ne quittent que pour absorber consécutivement deux ou trois tasses de café, ou même pour prendre leurs repas habituels. Puis, en faisant quelques pas en avant, l'on trouve une dalle de marbre rouge, d'environ deux mètres de long et scellée dans un carré long, bâti également de marbre : c'est la pierre de l'onction, sur laquelle Notre-Seigneur a été embaumé par Nicodème et Joseph d'Arimathie. Bien que cette dalle recouvre la véritable pierre, elle n'en est pas moins l'objet d'une grande vénération des pèlerins qui, en entrant ou en sortant, la baisent avec respect. Elle est entourée de quatre énormes chandeliers, et dix lampes de couleur brûlent constamment au-dessus.

Au delà de la pierre de l'onction, à environ 12 mètres, sur la gauche et dans le même vestibule, se trouve le lieu où se tenaient les Saintes Femmes, pendant l'embaumement de Notre-Seigneur. Ce lieu est indiqué par une sorte de cage en fer au milieu de laquelle brûle une lampe. De là on se trouve en face du Saint-Sépulcre lui-même, ou plutôt de l'édicule qui le renferme. Cet édicule, de marbre rouge, forme une construction d'assez mauvais goût, massive et sans aucun ornement.

Les dimensions extérieures sont de huit mètres vingt-cinq de long sur cinq mètres cinquante-cinq de large, et cinq mètres cinquante de haut. Sa forme est celle d'un carré long orné de seize pilastres en pierre rouge du pays. Une balustrade à colonnettes et un dôme sphérique placé directement au-dessus du tombeau, le couronnent. Quatre colonnes torses avec des bas-reliefs et de nombreuses inscriptions grecques en décorent la façade orientale, devant laquelle trois lampes brûlent constamment: la première est aux Franciscains, la seconde aux Grecs et la troisième aux Arméniens. Un petit parvis précède l'entrée. Une porte basse donne accès de ce parvis, dans une sorte de petit vestibule sombre et étroit, bâti de marbres de différentes couleurs avec quelques sculptures. Au milieu se trouve une pierre enchassée dans un piédestal en marbre blanc; c'est la chambre de l'ange, c'est-à-dire l'endroit où il se trouvait avant la Résurrection, et la pierre sur laquelle il était assis. Au fond de cette chambre se trouve une petite baie étroite, sous laquelle un homme, même petit, ne peut passer debout, c'est l'entrée du lieu saint. C'est une chapelle de deux mètres de long sur un mètre cinquante ou deux de large; elle est toute de marbre blanc et quelques tableaux et inscriptions grecs en font seuls l'ornement. Le Saint Tombeau en tient toute la longueur; mais il a 60 ou 70 centimètres de large, ce qui laisse juste la place de se mettre à genoux devant; il est recouvert de marbre blanc dans son entier; 20 lampes brûlent au-dessus, dont les lumières se réflètent sur les ornements argentés d'un tableau grec représentant la Résurrection.

Il est profondément regrettable que les diverses sectes chrétiennes aient des droits à peu près égaux sur ce vénéré sanctuaire; mais ce qui est plus triste encore, c'est que tous les jours, les saints mystères y sont offerts par ceux-là même qui rejettent une partie des enseignements du Christ.

En faisant le tour de l'édicule pour arriver à la sacristie des Pères Franciscains, nous apercevons une misérable construction en bois adossée au Saint Sépulcre. C'est la chapelle des Cophtes; leur religion diffère, je crois, fort peu de la nôtre, et leur principale erreur consiste à nier la coexistence en Jésus-Christ de la nature divine et de la nature humaine; du reste, ils sont fort peu nombreux à Jérusalem.

Un énorme dôme couvre cette partie de la basilique, dont l'édicule occupe le centre; seize pilastres de pierre rouge en soutiennent les voûtes, et, au-dessus de chaque pilastre se trouve un petit arceau dont l'ouverture donne accès dans les couvents ou chapelles des religions dissidentes; quelques lustres et quelques mauvais tableaux, voilà tous les ornements de ce cintre.

Il n'en est pas de même du chœur des Grecs, dont l'entrée est juste en face du parvis de l'édicule, et séparé de ce dernier par le chœur des Latins, dont il est inutile de parler, puisque ce n'est autre chose que le passage ou vestibule compris entre la grille du chœur des Grecs et le saint Tombeau. Entrons un instant dans ce

grand chœur, dont les dimensions et la forme peuvent
être comparées à celles de nos chœurs de cathédrale :
mais comment reconnaître à quel style appartiennent
toutes ces sculptures, d'assez mauvais goût du reste, et
comment examiner en détail cette quantité de tableaux
dorés ou argentés qui décorent les murs latéraux ; j'aime-
rais, je crois, autant compter le nombre de lampes de
toutes couleurs suspendues à la voûte, et cependant ce
serait déjà une grande occupation.

Le chœur, qui occupe toute la grande nef de l'église,
est terminé, à l'extrémité opposée à la rotonde, par un
chevet où sont disposés, avec le maître-autel, les trônes
du patriarche et des évêques schismatiques ; ce chevet est
dominé par un dôme. Au milieu du pavé et assez près du
chœur des Latins, une rosace, surmontée d'un vase en marbre blanc et d'un hémisphère, marquerait, d'après les Grecs,
le centre et l'ombilic de la terre. Les schismatiques font
tout autour toutes sortes de cérémonies.

Sortons du chœur et tournons à droite pour aller voir
les chapelles de Sainte-Madeleine et de la Sainte-Vierge,
et ensuite ce que l'on appelle le Déambulatoire.

L'Évangile nous raconte que, quelque temps après sa
Résurrection, Notre-Seigneur apparut à sainte Madeleine,
sous la forme d'un jardinier : puis, un peu plus loin, nous
lisons qu'il se fit aussi reconnaître à sa sainte Mère. Or,
c'est à ces deux endroits que les Pères Franciscains ont un
autel, et devant celui de sainte Madeleine comme devant
celui de la Sainte-Vierge, une rosace de marbre blanc
et noir indique l'endroit où se sont passées ces scènes
évangéliques.

Rien de particulier à dire sur la chapelle de sainte
Madeleine ; celle de la Sainte-Vierge, au contraire, mérite une petite station.

On y arrive par quatre marches de marbre blanc. A
droite se trouve l'autel principal qui, comme tous les au-

tels de Jérusalem, est en marbres rouge, blanc et noir, avec quelques moulures ; de chaque côté, à droite et à gauche, se trouvent deux autels : d'un côté, l'autel des reliques, ainsi nommé parce qu'autrefois on y conservait des reliques de la vraie croix, mais les schismatiques s'en sont emparé et, aujourd'hui, il ne reste plus des saintes Reliques que le nom ; l'autre est appelé Autel de la Flagellation, parce qu'il renferme un morceau de la colonne de la flagellation. Habituellement ce précieux tronçon est caché derrière une grille en fer, placée au-dessus de l'autel, et les pèlerins, pour satisfaire leur dévotion, passent à travers la grille un bâton dont l'une des extrémités est recouverte d'argent, qu'ils baisent ensuite et auquel ils font toucher leurs objets de piété. Mais les bons Pères avaient bien voulu, en l'honneur de notre pèlerinage, le sortir un jour tout entier et l'exposer sur l'autel, où chacun a pu vénérer et embrasser même cette pierre, qui a été certainement tachée du sang de l'Auguste Victime. Ah ! si elle pouvait parler, que d'enseignements ne nous donnerait-elle pas ! Que de souffrances elle a vues ! Que de sang versé, d'injures et d'humiliations de toutes sortes supportées ! Mais aussi avec quelle douceur et quelle résignation elle a vu le Christ souffrir ces cruels tourments!

A gauche, en sortant de cette chapelle, est l'entrée de la sacristie et du couvent des Pères Franciscains, chargés de la garde du Saint-Sépulcre.

C'est de la chapelle de la Sainte-Vierge, dont je viens de parler, que part la procession que font chaque jour les Pères Franciscains de Terre-Sainte, pour honorer les divers sanctuaires consacrés aux souvenirs de la Passion. En indiquant chacune des stations où s'arrête le pieux cortège, nous achèverons la description de l'église du Saint-Sépulcre.

Il est quatre heures du soir, voici le signal du départ ; les bons Pères nous mettent à la main un livret pour suivre les prières, et un petit cierge qu'on garde d'habitude, comme une relique précieuse ; quelques enfants de chœur marchent de l'avant et sont suivis des Religieux ; les pèlerins ferment la marche.

La première station a lieu devant la colonne de la flagellation, dont il a été question plus haut. Puis les bons Pères, à genoux, psalmodient des hymnes et des antiennes absolument appropriées aux lieux que l'on parcourt. Mais comme il serait trop long de donner ici ces prières, je me contenterai de parcourir les stations en en faisant la description.

Pour arriver à la seconde station, le cortège se dirige à l'Est, dans le Déambulatoire de l'église, et s'engage sous de hautes arcades appelées les sept arceaux de la Vierge, formant la nef septentrionale de la basilique. Au bout de cette nef, on passe entre deux piliers et on pénètre dans une sorte d'antichambre qu'on traverse entièrement ; puis on descend par deux marches dans une sombre chapelle qui appartient aux Grecs schismatiques ; c'est la prison du Christ, où se fait la deuxième station. Ce lieu est glacial et la tradition rapporte que le Sauveur fut jeté dans ce cachot et gardé à vue par les soldats pendant qu'on creusait le trou de la croix et qu'on faisait es derniers préparatifs du supplice. En sortant de la prison, on rentre de nouveau dans l'antichambre, où l'on remarque à gauche un autel qui recouvre la pierre de la prison ; elle est perforée de deux trous cylindriques et, avant son crucifiement, le Sauveur aurait eu un pied dans chacun des trous, de telle sorte qu'au-dessous, les deux pieds auraient été liés ensemble au moyen d'une corde ou d'une chaîne.

En quittant cette chapelle on tourne vers l'ouest, sous la voûte circulaire qui forme le chœur de la basilique, et on trouve la chapelle grecque de saint Longin. On pense que le soldat Longin, après avoir frappé Notre-Seigneur,

fut converti et vint pleurer son péché à cet endroit. A
peu de distance de là, on trouve la chapelle de la division
des vêtements. C'est l'endroit où, comme le nom l'indique, les bourreaux se partagèrent les vêtements de Notre-
Seigneur; elle appartient aux Arméniens.

Bientôt cette longue file de religieux et de pèlerins
disparaît tout à coup aux regards des assistants et semble
s'enfoncer dans les entrailles de la terre; leurs voix
graves et majestueuses s'affaiblissent peu à peu dans les
profondeurs d'une caverne obscure, et, après avoir parcouru quarante à quarante-cinq degrés d'un escalier taillé
dans le flanc de la colline, nous nous trouvons à une
cinquantaine de pieds au-dessous du calvaire, au milieu
d'une vaste chapelle souterraine; c'est le sanctuaire de
l'Invention de la sainte Croix.

Chacun sait qu'après la mort du Christ, l'instrument de
son supplice fut enfoui, d'après la loi, au pied du lieu de
l'exécution; la sainte Croix fut découverte, ainsi que les
autres instruments de la passion, par sainte Hélène,
quatre siècles après.

Ce sanctuaire appartient aux catholiques.

On remonte, pour la cinquième station, à la chapelle
de sainte Hélène. C'est là que la pieuse Impératrice se
tenait en prières, pendant que plus bas l'on faisait les
fouilles qui amenèrent la précieuse découverte. Cette
chapelle appartient aux Abyssins grecs.

En remontant l'escalier, nous voyons un jubé que les
schismatiques ont transformé en dortoir pour leurs pèlerins. A peine sommes-nous revenus dans les galeries
circulaires de la basilique, que la procession s'arrête devant la sixième station ou chapelle des Impropères. C'est
là qu'est conservé religieusement, sous l'autel, derrière
une grille qui permet de le voir et même de le toucher,
un tronçon de colonne en marbre gris, sur lequel les Juifs
firent asseoir Notre-Seigneur et l'abreuvèrent d'injures

et d'opprobres, car pendant qu'il était assis sur ce siège d'ignominie, on le couronna d'épines et on lui mit un roseau dans ses mains liées, en lui adressant ces ironiques paroles : *Ave Rex Judæorum !*

La procession se dirige d'abord vers la treizième station ou chapelle du crucifiement ; ah ! prosternons-nous ici la face contre terre, cette terre qui, quoique recouverte de marbre, montre encore aux yeux de la foi le sang du Juste qui a ruisselé à cet endroit même ; là encore la foi nous fait entendre les coups de marteau qui attachaient au gibet infâme une Victime d'expiation ; une voix, celle de la conscience, nous crie alors : c'est toi qui, par tes péchés, a arrosé ce sol du sang divin ; c'est toi encore qui pousse la main du bourreau et qui perce les pieds et les mains de ton Sauveur ; tourne la tête et vois ces femmes en pleurs, abimées dans la douleur, c'est toi toujours qui fais couler ces larmes et qui a plongé dans ce cœur de mère le glaive de la douleur. Ah ! Seigneur, donnez-moi des larmes pour pleurer tant de fautes, attachez-moi aussi sur la croix pour expier tant de crimes ; serai-je donc assez lâche pour assister à tant de douleurs et pour ne pas être embrasé d'amour pour vous et de désir de souffrir pour vous ! Mais non, il n'en sera pas ainsi, et je veux souffrir tout ce que vous voudrez et toutes les fois que vous voudrez.

Le pieux cortège fait quelques pas et tous se prosternent dans l'autre partie du Calvaire, devant la place où la croix fut plantée. Cet autel, qui appartient aux schismatiques, est formé d'une tablette de marbre, supportée par quatre colonnettes également de marbre, entre lesquelles se trouve une ouverture cylindrique entourée d'une plaque d'argent, et d'une profondeur d'environ 50 à 60 centimètres ; c'est le trou où fut plantée la croix, c'est-à-dire le sommet du Calvaire. De chaque côté de l'autel une statue de la Sainte-Vierge et de S. Jean, au pied d'une grande croix, représente la scène du Calvaire. Plusieurs lampes brûlent au-dessus de cet autel assez richement orné, comme toutes les possessions grecques, mais avec un goût douteux. A côté de l'autel de la plantation de la Croix, séparé seulement par la fente du rocher, se trouve le petit autel du Stabat, élevé à l'endroit où Marie reçut son fils dans les bras, à la descente de croix.

Cet autel, ainsi que celui de la Crucifixion, qui est à la suite, sont la propriété des Latins.

Sur le même niveau que le trou de la croix, à moins d'un mètre de distance, se voit une fente dans un pavé de marbre blanc; c'est celle qui se produisit miraculeusement au moment de la mort de Notre-Seigneur, et se prolonge jusque dans la chapelle d'Adam, qui se trouve à plusieurs mètres au-dessous, et dans laquelle nous allons pénétrer en quittant le Calvaire. Les Grecs ont une grande dévotion à ce rocher, et il n'est pas rare de voir des femmes schismatiques venir y faire toucher leurs linges et ceux de leurs enfants.

Mais suivons jusqu'au bout la procession des Religieux de Saint-François qui, après avoir descendu l'escalier du Calvaire, fait encore quatre stations, à la pierre de l'Onction, au saint Sépulcre, à la chapelle de sainte Madeleine et arrive enfin à la chapelle de l'Apparition, où, après quelques chants accompagnés de l'orgue, la cérémonie se termine par de longues oraisons que les Pères récitent à genoux au pied de l'autel, et les bras en croix.

Chacun se retire ensuite, emportant avec soi une douce impression de cette touchante cérémonie.

Mais avant de sortir de la basilique, entrons dans cette cavité obscure, à peine éclairée par quelques lampes de cuivre ; c'est la chapelle d'Adam, creusée dans la partie inférieure du Calvaire et dont les parois sont formées par le rocher même de la montagne. Ici nous sommes exactement au-dessous de l'endroit où fut plantée la croix. Au moment où Jésus-Christ rendit le dernier soupir, cette montagne fut ébranlée jusque dans ses fondements et le rocher se fendit. Voyez cette large et profonde fissure qui coupe transversalement les veines de la pierre ; c'est la même qui se trouve sur le Calvaire et qui se prolonge jusqu'au bas ; elle est restée béante depuis l'heure solennelle où Notre-Seigneur expira sur la croix. *Petræ scissæ sunt.*

Une tradition rapporte que le crâne d'Adam, conservé parmi les descendants de Seth, aurait été enseveli en ce lieu par Noé, après le déluge. Au milieu du mur une excavation grillée indique l'endroit où avait été déposée la tête du premier homme ; de là le nom de Golgotha qui signifie crâne. De là aussi l'usage de mettre sous les pieds du crucifix une tête de mort.

Le chef du père des hommes, de qui nous tenons le péché, représente ici l'humanité tout entière, purifiée par le sang du Christ, qui a coulé au-dessus de ce crâne.

A côté de cette même chapelle, une petite salle sert de réfectoire aux moines grecs qui ont d'ailleurs la propriété de ce sanctuaire. Là encore reposaient autrefois les corps de Godefroy de Bouillon et de Beaudoin Ier ; mais, dans leur haine pour nous, Français, et surtout Latins, les schismatiques ont dispersé les cendres de ces illustres héros et brisé leurs tombeaux ; il n'en reste plus aujourd'hui aucune trace, pas plus que des autres tombeaux des derniers rois Latins qui avaient également été enterrés dans la basilique du Saint-Sépulcre.

Mais nous voici à la porte de l'église que nous franchissons, pour gravir, à quatre ou cinq pas de là, un escalier d'une dizaine de marches, situé à gauche de l'entrée de la basilique, sur le parvis. Cet escalier conduit à une chapelle petite et étroite, éclairée par deux vitraux ; c'est le lieu où se tenaient les saintes femmes et saint Jean, pendant qu'on attachait Notre-Seigneur à la croix ; une grille de fer assez large permet de communiquer, par le regard seulement, avec le Calvaire. Nous franchissons enfin le parvis de l'église, non sans être assaillis par les mendiants ou les marchands installés sur les dalles du parvis, et nous gagnons notre domicile, tout heureux d'avoir pu ainsi visiter en détail ce monument qui renferme à lui seul les lieux les plus saints du monde, pour lesquels un chrétien est si heureux de pouvoir traverser les mers au prix même de bien des souffrances.

Après la visite du Saint-Sépulcre, le premier exercice religieux du pèlerin est, bien certainement, le chemin de la croix. Ah ! quelle impression fait sur le cœur d'un chrétien ce parcours de la voie douloureuse, suivie, il y a près de dix-neuf siècles, par Jésus-Christ accablé de fatigues et de douleurs sous le poids de sa lourde croix, et entouré d'une foule haineuse qui le maltraitait et l'insultait, et parfois même frappé par d'infâmes bourreaux, alors que, ne pouvant plus supporter son pesant fardeau, il se laissait aller la face contre terre. Que le souvenir de tant de souffrances augmente en nous notre foi et notre amour, et ainsi fortifié, marchons courageusement sur les traces de notre Sauveur, supportant avec bonheur quelques fatigues jointes aux ardeurs d'un brûlant soleil.

Après avoir récité les prières préparatoires, on se rend, si on le peut, dans la cour de la caserne turque, au lieu du prétoire où Jésus reçut l'injuste sentence. C'est la première station.

Autrefois cette cour avait une entrée sur la rue et on y arrivait par un escalier de marbre blanc, connu sous le nom de *scala santa* et que Notre-Seigneur monta ou descendit trois fois ; mais aujourd'hui cet escalier ayant été, comme on le sait, transporté à Rome, il n'y a plus à la place qu'un mur assez élevé, ce qui oblige à sortir de la caserne et à retourner un peu sur ses pas pour aller au

lieu de la deuxième station. C'était en effet au pied de la
scala santa que Notre-Seigneur fut chargé de sa croix,
en face le sanctuaire élevé sur l'endroit même de la flagellation. Tout cet emplacement était donc occupé autrefois par une partie du palais de Pilate, et la rue actuelle a
divisé en deux parties ce monument: d'un côté, la caserne
turque, de l'autre, le sanctuaire de la Flagellation; le
reste a été détruit ou à peu près. En quittant la deuxième
station, on repasse devant l'entrée de la caserne et, après
avoir parcouru deux cent trente-trois mètres, on arrive à
la troisième, située au fond de la rue, longeant le couvent
des Dames de Sion et les bâtiments de l'hospice autrichien. Une petite chapelle, au pouvoir des Arméniens
catholiques, marque le lieu où Jésus-Christ est tombé
pour la première fois. Ici nous entrons dans une rue
transversale qui part de la porte de Damas et se dirige
vers le nord. A une trentaine de mètres se trouve l'extrémité d'une rue parallèle à la rue de l'Ecce-Homo, et par
laquelle déboucha la très-sainte Vierge au moment de sa
rencontre avec son divin Fils trainant sa croix. Des ruines
qui vont être relevées et appartenant aux Arméniens-unis,
rappellent le souvenir d'une église dédiée à Marie sous le
vocable de N.-D. du Spasme. Nous sommes à la quatrième
station. La cinquième, où Simon le Cyrénéen aide Jésus
à porter sa croix, est à vingt-cinq mètres plus loin, à la
naissance d'une nouvelle rue perpendiculaire à celle qui,
venant de la porte de Damas, s'esquive dans un tunnel
pratiqué sous la maison du mauvais riche.

La V° station est indiquée par un trou creusé dans le
mur, sur la gauche en entrant dans la nouvelle rue et en
face de l'habitation du pauvre Lazare.

La VI° station est à quatre-vingt-six mètres de là,
devant la maison de Véronique qui conserva sur un voile,
l'empreinte de l'auguste Face du Sauveur. Une colonne
encastrée dans le pavé est l'unique signe indicateur; ce-

pendant il existe une bien modeste chapelle établie dans une salle basse et humide d'une pauvre maison et qui est dédiée à sainte Véronique ; ces bâtiments occupent l'emplacement de sa maison.

Après une cinquantaine de mètres, à l'extrémité d'une voûte donnant accès dans une des principales rues, se trouve la colonne judiciaire sur laquelle, on affichait les sentences de mort, et sur laquelle par conséquent, fut affichée celle de Notre-Seigneur. Là se terminait la ville, et à côté de la colonne était la porte judiciaire, après laquelle on commençait à gravir les hauteurs du Calvaire. La colonne judiciaire a été découverte récemment par les Pères Franciscains, qui ont acheté la maison qui la renfermait, et à la place de laquelle ils élèvent une chapelle. Là se fait la VII° station.

Pour arriver à la VIII°, on prend, l'espace de trois pas, la gauche de cette même rue, pour entrer dans une nouvelle rue, dite rue Chrétienne, qui peut être considérée comme la continuation de celle qui nous a conduits de la V° à la VII° station.

A trente-cinq mètres du point de départ, on aperçoit sur la gauche deux trous dans le mur ; ils indiquent l'endroit où Notre-Seigneur consola les filles de Jérusalem. Ce mur appartient au couvent grec de saint Caralembos. Le chemin qui conduit directement de la VIII° à la IX° station est fermé par des constructions nouvelles ; il faut revenir sur ses pas jusqu'à la porte Judiciaire, et suivre la rue qui va de la porte Damas à la porte de Sion ; une colonne engagée dans le mur, près de l'entrée du couvent cophte, indique la IX° station. Si l'on pouvait traverser le couvent, il n'y aurait que quelques pas à faire pour arriver à la basilique du Saint-Sépulcre, où se trouvent les dernières stations ; mais il faut retourner sur ses pas, pour entrer, par le parvis, dans la basilique. Les dixième, onzième, douzième et treizième stations sont sur le Calvaire ; la quatorzième est l'édicule même du Saint-Sépulcre, au centre de la Rotonde. Je ne m'étends pas sur ces cinq dernières, la description en a été déjà faite.

Cet exercice du chemin de la croix, fait sur la voie douloureuse, a quelque chose de vraiment émouvant, et je dirai même entraînant ; que c'était touchant, en effet, de voir quatre cents personnes parcourant ces rues, en chantant le verset du Stabat : *Sancta Mater, istud agas, crucifixi fige plagas, cordi meo valide*, alternant avec les versets du cantique : « Le Juste par excellence attend son arrêt de mort ! etc. » Puis, sans respect humain, tout le monde se mettait à genoux, à la prédication de chaque station, ne songeant ni à la dureté d'un tel prie-Dieu, ni aux nombreux regards braqués sur nous par des gens de toutes religions, nous considérant avec curiosité, et aussi avec respect et admiration.

L'effet produit par des cérémonies de cette nature, en un tel lieu et dans de telles circonstances, est indescriptible.

Reconnaissons, en passant, que la liberté la plus absolue nous est accordée ; Dieu veuille qu'à notre retour en France, nous n'ayons pas à regretter de ne plus vivre en plein pays musulman.

Mais il est assez naturel, après avoir fait le chemin de la croix, d'aller prier aux Lieux où ont commencé les souffrances de Notre-Seigneur, c'est-à-dire au jardin des Oliviers et à la grotte de l'agonie. Aussi, suivrons-nous le frère Benoît, qui avait été notre guide depuis le Mont-Carmel, et qui nous proposait ce jour-là, dimanche 11 mai, d'aller visiter le mont des Oliviers et le jardin, en passant par la vallée de Josaphat et différents sanctuaires de la ville.

Le rendez-vous était à 1 heure à Casanova, d'où nous partîmes pour aller d'abord visiter le couvent et l'église du Saint-Sauveur.

Il n'y a rien de bien particulier, du reste, à dire sur ce couvent, sinon que c'est la demeure du Révérendissime Père Custode des Franciscains, et leur chapelle sert de paroisse aux catholiques de Jérusalem en, attendant que l'église que l'on construit à côté du couvent soit achevée. De là nous nous dirigeons vers la chapelle et le couvent de l'Ecce-Homo, après avoir fait une station à la colonne judiciaire et à la chapelle de Sainte-Véronique dont il a été déjà question ; nous passons sans nous arrêter devant l'hospice autrichien, où étaient logées toutes les dames du pèlerinage, puis nous entrons dans la chapelle du couvent de l'Ecce-Homo ; ce magnifique établissement fut élevé par le R. P. de Ratisbonne, sur l'emplacement d'une partie du palais de Pilate, et appartient aujourd'hui à un ordre de religieuses, fondé par le P. de Ratisbonne, dans le but d'élever et d'instruire de petites orphelines.

Cependant, pour montrer combien les Dames de Sion sont estimées à Jérusalem, je citerai l'exemple d'un riche Musulman de la ville qui, ayant reconnu les qualités supérieures de ce couvent au point de vue de l'instruction, voulut y mettre sa fille, mais à la condition toutefois qu'on ne lui parlerait jamais du catéchisme ni de rien qui pût la détourner de sa religion.

On connaît l'entêtement des Musulmans en matière religieuse.

C'est dans la chapelle du couvent qu'est enfermé l'arc de l'Ecce-Homo, sur lequel Pilate exposa Jésus couronné d'épines et revêtu de pourpre, avec ce titre : Voici l'homme. A droite en entrant, dans un petit oratoire, on voit une grande statue de Jésus portant sa croix ; au fond et sur l'arc, une statue en marbre blanc, de l'Ecce-Homo, avec cette inscription : *Ecce rex vester.*

De belles et touchantes cérémonies nous ont attirés souvent dans ce pieux sanctuaire où l'on croit apercevoir le divin Maître désolé et meurtri, sous cette image que nous avons en face, et dont le pied repose où reposait le pied même du Sauveur ; une lampe est constamment entretenue à cet endroit.

J'ai pu voir, dans les dépendances du couvent, le Lithostrotos ou pavé de l'ancienne et véritable voie douloureuse qui, par suite des bouleversements subis par la ville, se trouve à un mètre environ plus bas que le niveau de la rue. Ce sont les fouilles du P. Ratisbonne qui ont amené ces précieuses découvertes.

En sortant du couvent de l'*Ecce-Homo*, à quelques pas plus loin, se trouve la chapelle de la Flagellation, élevée à l'endroit du palais de Pilate où Notre-Seigneur fut flagellé et insulté ; un autel de marbre blanc est élevé à cet endroit.

De là, le frère Benoît nous conduisit dans une petite rue sale et étroite, et, après nous avoir fait traverser un jardin et l'atelier d'un potier, nous fit entrer dans une maison presqu'en ruines, et propriété du potier en question qui ne laisse entrer dans cette masure que moyennant le bakchiche traditionnel.

C'est la maison de Simon le Pharisien, où un jour que Notre-Seigneur y prenait un repas avec ses disciples, sainte Madeleine vint lui essuyer les pieds avec ses cheveux, en répandant une quantité de parfums.

Enfin, avant de sortir de la ville, près de la porte Saint-Etienne, se trouve l'église Sainte-Anne, bâtie sur l'emplacement de la maison de saint Joachim et de sainte Anne, en partie creusée dans le roc. Cette église, qui n'a rien de remarquable soit comme architecture, soit comme décoration, a été bâtie à peu près à l'époque des croisades, à la place d'une ancienne basilique qui y avait été élevée de bonne heure. Elle a 36 mètres de long sur 21 de large ; les trois nefs se terminent par trois absides ; la croisée est couronnée d'une coupole byzantine. Ce sanctuaire est desservi par les Missionnaires d'Alger. La crypte s'étend sous le côté droit du transept ; elle se compose d'un vestibule, d'une chapelle et de deux petites absides dont la voûte et les parois sont de rochers naturels. C'est la partie de la maison de saint Joachim et de sainte Anne qui était creusée dans le roc, et on pense que c'est le lieu même de la naissance de la Sainte-Vierge. Un étroit vestibule conduit de cette première partie de la grotte à une autre grotte sombre et froide, où s'élève un seul et modeste autel ; c'est, dit-on, le lieu où aurait été ensevelie sainte Anne, mais cette tradition n'est pas donnée comme authentique. Tout près de là se trouvent les restes de la piscine probatique et de la piscine Bethesda, souvent confondues dans le récit de la guérison du paralytique. Ce ne sont aujourd'hui que de grands trous en forme de carré, remplis de débris de toute sorte ; ils ne pourront être mis entièrement à découvert que lorsqu'une partie de l'une de ces piscines appartiendra aux catholiques.

En sortant de Sainte-Anne, on se trouve à quelques pas de la porte Saint-Étienne, par laquelle on passe pour aller à la vallée de Josaphat et au mont des Oliviers. On traverse d'abord, immédiatement après avoir passé la porte, le cimetière musulman ; là, comme dans les cimetières juifs, qui couvrent en partie les bords de la vallée de Josaphat sur l'un ou l'autre versant, on ne voit aucun des signes qui, chez nous, consolent l'âme en fortifiant son espérance. Une simple pierre posée sur le sol, comme accidentellement, rappelle seule qu'à cet endroit repose un corps humain ; aucun signe religieux, souvent même aucune inscription sur cette tombe déjà recouverte d'herbes, ou foulée par les pieds du passant, car les sentiers, les chemins publics passent entre deux tombes, jusqu'au jour où une fosse fraîchement creusée avertira le voyageur qu'il doit dévier de sa route et prendre une autre direction. Cependant je dois dire, pour montrer le soin que les Musulmans prennent pour leurs morts, que sur chaque tombe se trouve un ou plusieurs petits creux de la forme d'une coquille, dans lesquels ils viennent de temps en temps porter quelques menues provisions, afin, disent-ils, de pourvoir aux besoins de leurs morts dans l'autre monde.

Mais plus d'un passant infidèle vient, à la place du défunt, s'emparer de ces provisions, ce qui laisse les pauvres Musulmans dans l'entière confiance que le défunt est venu chercher ce qui avait été mis à son intention.

Après avoir traversé ces cimetières, on prend un étroit et rapide sentier qui conduit à la vallée de Josaphat, cette vallée où doit retentir la trompette du jugement dernier et où nos actions seront mises au jour, à la louange des uns et à la honte des autres.

Il serait difficile de trouver quelque chose de plus triste et même lugubre, que la vallée de Josaphat; partout des tombeaux et partout aussi l'aridité et la désolation; à peine y voit-on quelques rares oliviers et un peu de verdure près de la fontaine de Siloé.

La vallée s'étend sur une longueur de trois à quatre kilomètres entre les pentes de la ville d'un côté, le mont des Oliviers et le mont du Scandale de l'autre; sa plus grande largeur ne va guère au-delà de deux cents mètres; le Cédron, qui ne mérite son nom de torrent qu'en hiver, car en été il n'y a pas une goutte d'eau, la parcourt dans toute sa longueur.

Que de souvenirs cependant renferme cette étroite et profonde vallée; elle a été témoin des premières phases de la Passion de Notre-Seigneur, son sol a été arrosé de ses sueurs, et un écho semble encore répéter au pèlerin cette belle et pieuse parole: *Fiat voluntas tua!* Aussi dirigeons-nous d'abord nos pas vers la grotte de l'agonie, située au bas de la montagne des Oliviers, à côté du tombeau de la Sainte-Vierge, et à un jet de pierre du jardin des Oliviers.

Rappelons-nous ici la parole de l'évangile : « Et il tomba la face contre terre, et il priait pour que, si c'était possible, cette heure s'éloignât de Lui, et il dit : Père, Père, toutes choses vous sont possibles, si c'est possible, que ce calice s'éloigne de moi ! Cependant que ma volonté ne soit pas faite, mais la vôtre...... Alors il lui apparut un ange du Ciel, le fortifiant, et, étant tombé en agonie, il priait encore plus et il lui vint une sueur, comme des gouttes de sang, découlant jusqu'à terre. »

La grotte de l'agonie, longue de 12 mètres et large de huit, est bien telle aujourd'hui qu'elle existait la veille de la Passion ; le rocher a été maintenu dans son état primitif, sauf que l'on a pratiqué à la partie supérieure une petite ouverture destinée à donner de la lumière, et trois autels fort simples y ont été dressés ; la main de l'homme n'a heureusement caché sous le marbre et la dorure aucune partie de ce précieux sanctuaire, et c'est cette même voûte, soutenue par quatre forts piliers naturels, et ces mêmes rochers qui voient le pèlerin et l'entendent prier, qui ont vu aussi l'ange soutenir le Sauveur dans sa défaillance, qui ont entendu ses prières et ont été les témoins de cette terrible agonie.

Non, de tous les sanctuaires du monde, si pieux qu'ils puissent être, il n'en est pas, je crois, de plus vénérable et de plus recueilli que celui-ci ! Comme on y prie ! Avec quelle foi, avec quel amour ! Comme l'âme s'y sent généreuse et le cœur attristé au souvenir de tant de souffrances et de tant de bonté ! Avec quel courage on se sent disposé à souffrir pour Notre-Seigneur ! et c'est dans un élan d'amour pour Lui que le pèlerin sacrifie sa volonté à celle de Jésus-Christ, comme Lui-même a sacrifié la sienne à celle de son Père ! *Fiat voluntas tua, Domine, et non mea !*

Avant notre sortie de la grotte, le frère Benoît nous montra une lourde croix de bois adossée à l'un des piliers, et nous en expliqua ainsi la présence : cette croix a été apportée en ce lieu, il y a plusieurs années, par un pèlerin hongrois, qui vint, en esprit de pénitence, de son pays à Jérusalem à pied, traînant ce lourd fardeau sur ses épaules ; et, après trois ans d'une marche pénible et de souffrances de toutes sortes, il eût la consolation de déposer dans la grotte de l'agonie cette croix de bois qu'il y laissa en ex-voto.

Après avoir suivi l'impasse, d'une vingtaine de mètres environ, qui conduit à la grotte de l'agonie, on arrive à un autre sanctuaire bien précieux aussi, mais qui malheureusement est la propriété exclusive des schismatiques. C'est la basilique souterraine de l'Assomption, qui recouvre le tombeau de la Sainte-Vierge, taillé dans le roc, comme celui de Notre-Seigneur. Le lieu où sa dépouille mortelle fut déposée un moment a été de bonne heure entouré des hommages des pèlerins, et une basilique y fut élevée ; plusieurs fois reconstruite, elle n'est plus aujourd'hui qu'une crypte. Telle qu'elle est, elle remonte aux croisades. Le porche gothique est orné de quatre colonnettes de marbre blanc ; on descend par un escalier de quarante-huit marches, le long duquel on rencontre, à droite, à la vingtième marche, les tombeaux de saint Joachim et de sainte Anne ; un peu plus bas, à gauche, une chapelle marque le tombeau également vide de saint Joseph, en face de celui du vieillard Siméon. Au bas de l'escalier, on entre dans la basilique, qui a environ trente mètres de long sur huit de large. Les fenêtres qui l'éclairaient jadis sont obstruées, et on n'est éclairé que par les lampes qu'entretiennent les diverses communions schismatiques. Le tombeau de la Vierge, recouvert d'un édicule, est situé à la partie orientale de l'église ; il est couronné d'une petite coupole recouverte de tapisseries.

Le sépulcre lui-même est caché par un autel ; de nombreuses lampes, suspendues à la voûte, y répandent une vive clarté.

La tradition raconte que le calife Omar y fit sa prière deux fois en 636, et les Musulmans ont toujours respecté depuis le sanctuaire, par considération pour Marie, mère de Jésus. Les Franciscains en ont toujours eu les clefs de 1363 à 1759 ; ils ont même pu dire la messe sur le saint tombeau, dans le commencement de ce siècle. Aujourd'hui tous les cultes dissidents, grecs, arméniens, cophtes, Abyssins et Syriens s'y donnent rendez-vous ; les Musulmans eux-mêmes y ont un lieu de prières. Les catholiques seuls, possesseurs de firmans parfaitement en règle, en sont exclus.

Suivons maintenant Jésus-Christ dans le jardin des oliviers, ce jardin solitaire qui a si fréquemment retenti de ses gémissements et de sa prière. — Devant la porte d'entrée, nous voyons trois rochers nus, portant chacun l'empreinte à demi effacée, d'un corps humain ; ce sont les rochers sur lesquels dormaient les Apôtres, quand Jésus vint les éveiller après son agonie. A cet appel : « Simon, tu dors, » les trois Apôtres levèrent la tête, et le bon Maître continua avec tristesse : « ainsi vous n'avez pu veiller une heure avec moi !..... veillez et priez afin de ne pas succomber à la tentation, car l'esprit est prompt et la chair est faible. »

Le jardin est entouré de hautes murailles qui le protègent contre les déprédations des passants. Il occupe, à l'Est de Jérusalem, le fond de la vallée de Josaphat ; une porte en fer très-basse y donne seule accès. Le jardin peut avoir environ soixante-dix mètres de long sur cinquante de large ; il appartient aux Franciscains qui l'entretiennent et le gardent avec beaucoup de soin. C'est une série de petits parterres bordés de buis et remplis de fleurs de toutes sortes ; ces parterres, entourés de grilles, sont séparés les uns des autres par des allées non moins bien tenues.

Une allée longeant les murs permet d'en faire le tour, tout en suivant les quatorze stations du chemin de la croix, que l'on termine ordinairement devant un beau groupe en marbre rappelant la visite de l'ange.

Mais ce que l'on admire surtout, je dirai même, ce que l'on vénère dans le jardin des olives, ce sont les huit oliviers que la tradition populaire désigne comme étant ceux près desquels Jésus-Christ s'agenouilla et pria. Une chose absolument certaine, si l'on doutait de l'ancienneté de ces arbres, c'est qu'ils étaient là où ils sont aujourd'hui lorsque l'Islamisme s'empara de la Palestine ; et voici comment nous en avons la preuve : les sectateurs du Coran ont ordonné dès le principe que tout arbre qu'on planterait désormais serait soumis à un impôt ; or les oliviers de Gethsémani n'ont jamais été imposés ; donc ils n'ont pas été plantés depuis l'invasion du mahométisme, et, ainsi, ils remontent déjà à douze siècles. D'ailleurs, qui ne sait que l'olivier est pour ainsi dire immortel de sa nature ; ceux de Gethsémani sont énormes : plusieurs ont 25 à 30 pieds de circonférence ; ils n'ont que peu d'écorce et, si l'on n'y voyait des branches et des feuilles, on les prendrait presque pour des rochers, dont ils ont la tournure et la couleur. Il est défendu, sous peine d'excommunication, de cueillir des branches, fruits et même feuilles de ces arbres ; on peut seulement ramasser la terre qui est au pied et les fruits ou feuilles ou petites branches qui en tombent ; aussi, le frère gardien du jardin ramasse-t-il tout cela afin de le distribuer à chaque pèlerin désireux d'en emporter avec lui.

« Mais, lisons-nous dans l'évangile, Jésus dit à ses Apôtres : Levez-vous, marchons ; l'heure approche où le Fils de l'homme sera livré entre les mains des pécheurs; le traître est près de nous. Les Apôtres se levèrent avec effroi et regardèrent de tous côtés ; à peine eurent-ils repris leurs sens, que Pierre dit avec chaleur : « Seigneur, je vais appeler les autres afin que nous puissions nous défendre. » Mais Jésus, pour toute réponse, leur fit signe de regarder de l'autre côté de la vallée. A travers les arbres, on voyait des lanternes et des torches s'agiter dans la vallée de Josaphat et se rapprocher rapidement du jardin ; c'était le traître avec sa cohorte barbare qui s'avançait en silence à cette sinistre lueur. Le Cédron est bientôt traversé, la pente bientôt gravie, et la troupe déicide est déjà là, à quelques pas seulement de Jésus. Un homme se détache du groupe et, s'avançant vers Jésus, l'embrasse en disant : « Maître, je vous salue ! »

Le lieu de cette scène est à une dizaine de pas des rochers où dormaient les Apôtres ; un tronçon de colonne, incrusté dans le mur, au fond d'une impasse attenante au jardin, indique le lieu du crime. Cette colonne s'appelle encore aujourd'hui : *Ausculum*, c'est-à-dire baiser. C'est là que commence la voie de la captivité.

Mais si la base du mont des oliviers a été témoin des premières phases de la Passion de Notre-Seigneur, le sommet a été témoin de son entrée au ciel, c'est-à-dire, du commencement de son bonheur.

Le chemin qui conduit au sommet de la montagne, appelé Mont de l'Ascension, est assez long et, surtout, très-abrupte. Je citerai en passant, le rocher sur lequel la Sainte-Vierge laissa tomber sa ceinture en montant au ciel, et que saint Thomas recueillit précieusement ; une indulgence est attachée à ce lieu, c'est la principale cause pour laquelle on s'y arrête.

Mais je ne puis m'empêcher de faire une comparaison en gravissant cette pente aride : n'est-ce pas, en effet, l'image de la vie que l'on a sous les yeux ! Ce sentier ne représente-t-il pas la vie humaine, pleine de difficultés, d'obstacles, en un mot si pénible à traverser, les pierres et autres petites difficultés que l'on rencontre dans ce sentier ne sont-elles pas l'image des tribulations, des malheurs, des maladies et autres souffrances ! Et les instants de repos que le pèlerin est obligé de prendre, en gravissant ce pénible chemin, ne représentent-ils pas les consolations et les grâces que Dieu nous envoie pour nous aider à supporter les épreuves et les souffrances ? Le dirai-je aussi, mais le regard que l'on jette derrière soi sur la ville de Jérusalem, que l'on embrasse tout entière d'un coup d'œil, ne peut-il pas se comparer à celui que le religieux jette sur le monde, avant de venir trouver Dieu dans la solitude ? Car, de ce même regard, il embrasse aussi toutes les douceurs de la vie, représentées ici par les antiques monuments de Jérusalem, par ces dômes et ces minarets qui en font tout l'ornement ; n'embrasse-t-il pas aussi les difficultés de la vie, ses amertumes et ses épines, en même temps qu'il voit la vanité des choses humaines et la courte durée de notre existence, en considérant la vallée de Josaphat et son aridité et sa désolation, et en promenant les yeux sur tous ces tombeaux qui en font une véritable nécropole ? Puis, détournant ses yeux de ce spectacle, il considère le faîte de son existence comme le pèlerin considère le sommet de la montagne qui doit être le dédommagement de sa peine, comme le ciel est la récompense de ceux qui souffrent pour l'amour de Dieu, et qui ne songent pas même à regretter ces souffrances qui le conduisent d'une façon si directe à cette récompense, absolument comme le sentier dans lequel nous marchions conduit plus directement à la mosquée de l'Ascension, qui est le but de notre course. Aussi, avant que de considérer toute autre chose, allons y vénérer l'empreinte d'un des pieds de Notre-Seigneur, qu'Il y laissa le jour de son Ascension.

La mosquée qui renferme cette empreinte occupe le centre d'une grande cour, entourée de murs assez élevés, et autour desquels se voient des débris de colonnes, qui sont sans doute les restes d'une ancienne église. La tradition raconte que, lorsque l'impératrice sainte Hélène voulut paver, comme le reste de l'église, l'endroit où étaient les vestiges du Seigneur, on avait beau cimenter et vouloir retenir les dalles avec de longs clous d'or rivés en terre, une puissance, sortant du lieu même que Jésus-Christ avait touché de ses pieds sacrés, soulevait et jetait toujours à l'écart ce que l'architecte voulait y fixer. Il en fut de même, paraît-il, lorsqu'on chercha à fermer la voûte ; jamais on ne put y parvenir, et, pendant bien des siècles, le dôme resta avec une ouverture rappelant que Dieu avait passé là pour retourner au royaume céleste. Aujourd'hui encore, le milieu de la coupole de la mosquée présente une ouverture circulaire. Ce monument n'a, d'ailleurs, aucun ornement, et les murs, simplement blanchis, sont seulement tapissés par les inscriptions et les noms que les pèlerins se plaisent à y écrire. Dans le pavé, une ouverture rectangulaire, formée par quatre pièces de marbre, posées sur champ, laisse voir le rocher à nu sur lequel reposaient les pieds de Notre-Seigneur le jour de l'Ascension, et de l'un desquels on baise aujourd'hui l'empreinte conservée.

En sortant de la mosquée, plusieurs pèlerins montèrent au minaret qui couronne la montagne avec quelques misérables bâtiments, afin de jouir plus complètement du beau panorama que l'on a sous les yeux. Mais il est encore bien beau au pied du minaret et, surtout, de l'autre côté de la montagne : à droite, sur le prolongement de la montagne, le mont Viri Gallilaei, à gauche, le mont du scandale, et devant soi, la vallée de Josaphat et tous ses tombeaux, dominée par Jérusalem avec ses murailles crénelées, qui bordent de ce côté-là l'emplacement du Temple. Si vous regardez derrière, vous voyez la chaîne des monts Moab et d'Ephraïm, au pied desquels s'étend la Mer Morte, semblable à une mer de plomb ; enfin la vallée du Jourdain, étendant sous les pieds du soleil un immense tapis de nuées semblables à la blanche laine nouvellement cardée ; en un mot, cette vue n'est rien moins qu'admirable, et d'autant plus, qu'elle l'est de tous côtés.

Mais les heures s'écoulaient rapidement, et cependant il nous restait encore une assez longue course à faire avant de rentrer, aussi, notre guide nous laissait-il peu de temps à chaque endroit, et quelle ne fut pas notre surprise de nous trouver seuls, mon compagnon et moi, alors que le groupe était déjà loin, sur le chemin de Bethphagé.

Nous nous hâtâmes alors de rejoindre notre guide, et après un quart d'heure ou vingt minutes environ de marche dans un chemin rapide et étroit, mais ayant toujours devant les yeux le même spectacle que nous nous étions retardés à contempler, nous arrivâmes à une modeste chapelle en construction, bâtie sur l'emplacement du village de Bethphagé, dont il ne reste plus aujourd'hui aucune trace.

Cette bâtisse renferme une énorme pierre carrée, qui servit à aider Notre-Seigneur à monter sur son âne, le jour des Rameaux, alors qu'il entra à Jérusalem, au milieu des acclamations, des louanges de toute cette même population qui, quelques jours après, le conduisait au Calvaire, au milieu des injures, des mépris et des outrages de toutes sortes.

Ayant repris le même chemin, nous arrivons au couvent du Pater, situé à quelques mètres du lieu de l'Ascension ; ce couvent fut bâti en 1869, par la princesse de la Tour d'Auvergne, sur le lieu où Notre-Seigneur, entouré de ses Apôtres, leur dit : « Quand vous prierez, priez ainsi : *Pater noster qui es in cœlis, etc.* » La princesse en fit don aux Carmélites, qui l'habitent encore aujourd'hui. Là, le pèlerin est toujours bien reçu : a-t-il besoin de repos, de rafraîchissements, de nourriture même, il n'a qu'à le demander, et aussitôt la sœur tourière, plante exotique venue du fond de l'Abyssinie, parlant admirablement notre langue, d'une physionomie intelligente, du reste, vous apportera tout ce que vous demandez, joignant toujours à son service un petit mot aimable et parfois gai, et souvent, un sourire accompagne sa franche gaîté et laisse voir deux superbes rangées de dents qui sont aussi blanches que son teint est noir.

Une église attenante au couvent est élevée à l'endroit même où fut composé le *Pater* ; elle n'a du reste rien de remarquable, si ce n'est la douceur de la lumière que le soleil envoie à travers ses vitraux sombres, et qui, de l'avis de tous, porte d'une façon particulière à la piété.

Dans l'intérieur du couvent, on voit une galerie couverte, entourant un jardin, plein de fleurs variées ; tout autour de cette galerie, sur 32 plaques de faïence peinte, toutes absolument semblables, se lit le *Pater* en 32 idiomes. Les voici dans leur ordre : Turc, Allemand, Anglais, Moscovite, Danois, Norwégien, Grec, Syrien, Chaldéen, Latin, Polonais, Espagnol, Portugais, Géorgien, Italien, Français, Samaritain, Suédois, Breton, Thibetan, Flamand, Tartare, Sanscrit, Chinois, Ethiopien, Copte, Indoustan, Kurde, Hébreu, Arménien, Arabe.

Au milieu de la galerie, dans un enfoncement carré, faisant face à une des portes d'entrée de l'église, se voit le tombeau en pierre blanche de la princesse de la Tour d'Auvergne, surmonté de sa statue en marbre blanc. Au fond de cette espèce de caveau se trouve une urne en marbre grisaille, encastrée dans le mur, renfermant le cœur du comte Charles de Rossi, père de la princesse ; deux inscriptions en italien ornent les murs, et sur le tombeau de la princesse se lit cette épitaphe gravée en lettres d'or : — Amélie de Rossi, princesse de la Tour d'Auvergne, duchesse de Bouillon, a donné à la France et restitué au culte chrétien ce sanctuaire vénéré où Notre-Seigneur Jésus-Christ a enseigné le *Pater noster* à ses disciples. Elle y a fait ériger ce monument. Que le Dieu Tout-puissant la comble de ses bénédictions dans le temps et dans l'éternité. Ainsi soit-il.

Avant de quitter les dépendances du couvent du Pater, appelé aussi Carmel, on nous conduisit à une grotte longue et étroite, ayant seulement une ou deux ouvertures pour donner du jour ; un modeste autel, au fond, en fait tout l'ornement. C'est là, qu'avant leur dispersion, les Apôtres se réunirent pour composer le *Credo*. Une espèce d'arceau double, en bois, qui sépare en quelque sorte l'autel du reste de la grotte, rappelle cette scène par les peintures des douze apôtres, avec l'article du symbole propre à chacun. Voici, par ordre d'auteurs, ces douze articles :

Saint Pierre : Je crois en Dieu, Père Tout-Puissant.

Saint Jean : Créateur du ciel et de la terre.

Saint Jacques : Et en Jésus-Christ, son fils unique, Notre-Seigneur.

Saint André : Qui a été conçu du Saint-Esprit, est né de la Vierge Marie.

Saint Philippe : Qui a souffert sous Ponce-Pilate, a été crucifié, est mort, a été enseveli.

Saint Thomas : Qui est descendu aux enfers, et le troisième jour est ressuscité d'entre les morts.

Saint Barthélemy : Qui est monté aux cieux, est assis à la droite de Dieu, le Père Tout-Puissant.

Saint Mathieu : D'où il viendra juger les vivants et les morts.

Saint Jacques : Je crois au Saint-Esprit, la sainte Eglise catholique.

Saint Simon : La communion des Saints, la rémission des péchés.

Saint Jude : La résurrection de la chair.

Saint Mathias : La vie éternelle. Ainsi soit-il.

Mais avant de quitter le couvent, il ne faut pas oublier

le backchis traditionnel, que réclame le nègre chargé de faire visiter la chapelle du *Credo*, et qui sert à la fois de concierge aux Carmélites.

En descendant les pentes de la montagne des Oliviers, nous voyons encore la grotte de sainte Pélagie, où cette comédienne du V° siècle expia ses péchés ; nous faisons ensuite une station à un sanctuaire en ruine, connu sous le nom de *Dominus flevit*, bâti à l'endroit où Notre-Seigneur pleura sur Jérusalem. Enfin nous voici de nouveau dans la vallée de Josaphat, où nous voyons, en passant, trois monuments monolithes, taillés dans le roc qui a été creusé tout autour. Le premier est le tombeau d'Absalon : chaque face est ornée de quatre demi-colonnes ; il est surmonté d'une pyramide que termine une pointe cylindrique et un bouquet de palmes.

En général, tout passant y lance une pierre en signe de mépris, par un trou pratiqué à l'avant de la pyramide. Le tombeau de Josaphat, ou plutôt un cénotaphe en son honneur, est adossé au tombeau d'Absalon. Le deuxième monument est le sépulcre de saint Jacques le Mineur ; vient ensuite le tombeau de Zacharie, taillé aussi dans le roc.

Bien d'autres souvenirs se rattachent encore à la vallée de Josaphat et à celle de la Géhenne qui lui fait suite, mais la petite distance qu'il y a entre ces vallées et la ville permet d'y revenir seul ; c'est ce que nous fîmes, mon compagnon et moi, car il ne fallait pas songer ce jour-là à aller plus loin, la nuit, qui venait à grands pas, nous obligeant tous de rentrer à nos domiciles respectifs.

Le 14 mai, c'est-à-dire quelques jours après cette excursion dans les environs de Jérusalem, avait lieu un pèlerinage à Bethléem.

Naturellement, chacun voulut y prendre part, aussi, dès cinq heures du matin, les groupes étaient-ils déjà formés à la porte de Jaffa, lieu du rendez-vous, les uns choisissant une monture, les autres attendant simplement le signal du départ pour s'en aller tranquillement à pied, car la distance n'est que de huit kilomètres, et la route, relativement belle ; elle présente même un certain intérêt : c'est d'abord, sur la droite, la cité ouvrière du Juif Montefiori, puis une ruine que l'on donne comme étant le reste de la maison du vieillard Siméon, et, dans un champ, l'emplacement du térébinthe sous lequel la sainte Famille reposa en se rendant à Jérusalem pour la purification de Marie ; on suit la fertile vallée de Raphaïm ou des Géants, on longe le puits des Mages, près duquel ces rois de l'Orient perdirent la trace de l'étoile et la revirent plus tard, et l'on arrive au lieu où l'ange prit Habaccuc par les cheveux pour le transporter à Babylone au-dessus de la fosse aux lions dans laquelle avait été jeté Daniel. Un rocher, sur le bord du chemin, porte l'empreinte du corps du prophète Elie, qui s'y arrêta lorsque, poursuivi par Jézabel dont il avait immolé les faux prêtres au Cisson, il se dirigeait vers la montagne d'Horeb. Un peu plus loin, c'est Cantoure, hôpital et enclos relevant du consulat d'Autriche, puis, le champ des pois chiches, d'où Jacob aurait tiré les lentilles qui lui valurent son droit d'aînesse. Mais voici ce que raconte la tradition à ce sujet : un homme semait un jour des pois chiches dans le champ qui a conservé ce nom, lorsque Notre-Seigneur venant à passer lui demanda ce qu'il faisait : « Je sème des pierres, » répondit-il. « Eh! bien tu récolteras des pierres, répliqua Jésus. » Aujourd'hui encore l'on y trouve de petits cailloux gros comme des pois.

Le tombeau de Rachel est sur le bord du chemin, à droite ; ce sépulcre sert aujourd'hui de mosquée ; il est en grande vénération chez les Juifs et les Musulmans, surtout chez les femmes qui désirent devenir mères.

Sur une petite colline, à droite, nous apercevons Beit-Jallah où se trouve la maison de campagne des élèves ecclésiastiques du patriarcat.

Enfin, voilà Bethléem, que nous apercevons en face de nous, perché à l'extrémité d'un promontoire, au même niveau que la route de Jérusalem, venant du nord, et dominant, sur les autres trois points cardinaux, de profondes vallées vers lesquelles on descend par des étagères plantées d'oliviers et assez bien cultivées.

Sa population est de 5.500 âmes, dont 3.000 catholiques ; Bethléem est généralement bien bâti, et ses maisons blanches, ses champs bien cultivés qui l'environnent, ses habitants assez bien vêtus, à la physionomie franche, gaie et affable, font contraste avec la désolation, l'aspect triste qui enveloppent Jérusalem et avec les mines rébarbatives et parfois dures de ses habitants. Nous voici à peine dans la principale rue, et déjà les marchands viennent nous demander de ne pas les oublier, nous offrant leurs objets de nacre, leurs chapelets et autres articles de piété.

Mais quel n'est pas notre étonnement en entendant une musique jouant l'*Ave maris stella* et quelques cantiques sur la France : c'étaient les enfants de l'orphelinat catholique de Dom Belloni, qui étaient venus au-devant de nous, et nous conduisirent ainsi processionnellement à l'église de la Nativité, située tout à fait à l'extrémité de Bethléem, et précédée d'une grande place qui porte le nom de place de la Nativité.

Il était près de sept heures et la grand'messe fut aussitôt commencée dans l'église des Pères Franciscains ; elle fut dite par le Révérend Père Bailly, et la parole éloquente du Révérend Père Ladislas, capucin, jointe aux chants et aux morceaux de musique exécutés par les petits orphelins, vint en rehausser l'éclat. Une communion générale termina cette touchante cérémonie, après laquelle le frère Liévin nous fit visiter la basilique et la grotte de la Nativité.

Aujourd'hui, c'est la petite église des Pères Franciscains qui sert de paroisse. Cette église, qui a trois nefs, est entièrement pavée de marbre ; au fond, le maitre-autel, qui précède le cœur des Pères, et, de chaque côté, deux petits autels dédiés, l'un, à saint Antoine de Padoue et l'autre, à saint François d'Assise ; deux autres autels sont élevés dans les nefs latérales, l'un, à la Sainte-Vierge et l'autre, au Sacré-Cœur. Au bas de l'église, sur la gauche, en sortant, une petite porte donne accès dans le chœur des Grecs schismatiques, qui leur sert en quelque sorte d'église paroissiale, et sous lequel se trouve la grotte de la Nativité, où les Latins peuvent dire la messe, mais qui n'est plus leur propriété exclusive. On y descend du chœur des Grecs par deux escaliers tournants taillés dans le roc. C'est dans un enfoncement dans le rocher placé entre les deux escaliers que le saint Enfant Jésus a bien voulu naître : la place même est indiquée par une étoile d'argent clouée dans le pavé ; elle porte cette inscription : *Hic de Virgine Maria, Jesus-Christus natus est*. Quinze lampes brûlent nuit et jour dans cette petite abside, dont les parois sont décorées de mosaïques du temps des croisades.

Cette partie de la grotte appartient aux schismatiques. Tout près de là, et séparé seulement par l'escalier, se trouve l'oratoire de la crèche, qui n'a que trois mètres cinquante de long, sur deux mètres trente de large. On voit au fond une excavation en forme de crèche, qui marque la place où Marie coucha l'Enfant Jésus, et où il fut adoré par les bergers. Le rocher est revêtu de marbre blanc, et cinq lampes y brûlent jour et nuit. En face de ce lieu est placé l'autel des Mages, à l'endroit où ils se tenaient pour adorer Notre-Seigneur.

Quel contraste ce pieux sanctuaire offre avec ceux de Jérusalem ! Dans ces derniers, on ressent de la tristesse et de l'indignation ; là, au contraire, on se sent heureux et consolé à la fois ; car, que de grâces n'obtient-on pas de l'Enfant-Dieu ! Resterait-on insensible en présence d'un petit enfant qui, joignant ses mains et vous regardant de ses yeux si doux et si purs, vous demanderait une faveur ? Non, cela n'est pas possible. Eh bien, n'en est-il pas de même du petit Enfant-Jésus qui se plait à écouter nos prières et les transmet ensuite à son Père, en lui demandant de les exaucer? Aussi, prions-le ardemment pour tous ceux, d'abord, que nous avons laissés loin de nous, et demandons-lui de ne jamais nous quitter, afin que nous marchions d'un pas ferme et assuré dans les sentiers de la vie.

On visite ensuite les grottes souterraines qui communiquent avec la grotte de la Nativité par un long couloir. La première chapelle à droite est dédiée à saint Joseph ; un beau tableau, au-dessus de l'autel, représente la fuite en Egypte. De là, on descend par cinq degrés à la chapelle des Saints-Innocents. Plusieurs enfants, cachés là par leurs mères, auraient été massacrés à cet endroit même ; au-dessous de l'autel est le tombeau où ils furent inhumés ; c'est un petit caveau de deux mètres où l'on n'entre que le jour de la fête. De là, on va à l'oratoire de saint Jérôme.

Cette chapelle est la retraite où saint Jérôme a vécu dans la prière et l'étude de l'Ecriture-Sainte ; revenant ensuite sur ses pas, on se rend dans la chapelle des tombeaux, où se trouvent deux autels; l'un, à gauche, marque le premier tombeau de saint Jérôme, dont le corps a été depuis transporté à Rome, à l'église Sainte-Marie-Majeure ; l'autre, occupe la place des tombeaux des saintes Paule et Eustochie sa fille, qui vinrent de Rome à Bethléem pour embrasser la vie cénobitique sous la direction de saint Jérôme. Dans le couloir, on salue, à gauche, l'autel de saint Eusèbe de Crémone, compagnon de saint Jérôme. Tous ces tombeaux sont vides.

De là, on monte par un petit escalier, dans l'église

Sainte-Catherine, qui n'est autre que l'église des Franciscains. Terminons notre visite par la basilique construite par Constantin et sainte Hélène. Pour cela, retournons dans le chœur des Grecs, que nous ne ferons que traverser, car il n'a rien de curieux, sauf quelques peintures et mosaïques.

Ce chœur était le sanctuaire même de la basilique que les Grecs ont séparé du reste de l'église, par un mur dans lequel une petite porte, fait communiquer avec la grande église, qui sert aujourd'hui de lieu de rendez-vous aux flaneurs, ou de salle de récréation aux enfants de la ville, voire même, parfois, de marché.

La basilique se compose de cinq nefs formées par quarante-deux colonnes de monolithe rouge, ayant chacune onze travées et trente-trois mètres de long ; la nef centrale a vingt mètres de large ; la couverture est en charpente apparente comme dans les plus anciennes églises; des peintures en mosaïque, représentant l'abrégé de toute la doctrine catholique, couvraient autrefois les murs, mais les Latins, qui ont été longtemps possesseurs de cette basilique, en ont été dépouillés par les Grecs, pendant les temps malheureux où l'occident oubliait la Terre-Sainte ; ils n'ont plus que le droit d'y passer. Une petite porte basse communique avec un vestibule obscur donnant accès sur la place de la Nativité, qui était l'ancien atrium. On voit encore trois citernes, qui servaient jadis aux ablutions et au baptême.

Deux soldats turcs armés, l'un, à la grotte, l'autre, à la basilique, sont chargés d'empêcher tout conflit entre catholiques et dissidents.

Bien que les schismatiques jouissent, il leur est interdit de faire acte de propriété. Voilà qui prouve quels rapports existent entre ces deux communions !

Un sanctuaire très vénéré dans Bethléem, c'est la grotte du lait. Ce n'est qu'une caverne fort irrégulière dont les parois sont formées d'une pierre douce et crayeuse; mais toutes les femmes du pays, même musulmanes, y ont grande foi à cause de la tradition qui s'y rapporte. La voici: la sainte Vierge ayant été avertie des cruautés d'Hérode, s'enfuit et se réfugia avec le divin Enfant dans cette grotte, et en l'allaitant, elle laissa tomber quelques gouttes de son lait et aussitôt le rocher devint blanc. Depuis, les jeunes mères qui ne peuvent nourrir leurs enfants, prennent un peu de cette poussière qui, mélangée à leurs boissons, remplit aussitôt leurs seins. Le frère Liévin nous dit que, même les femmes des Bédouins viennent, du fond de leurs déserts, chercher de cette poussière miraculeuse.

Un petit autel permet d'y célébrer la messe.

Je ne voudrais cependant pas passer sous silence notre visite à l'orphelinat catholique, établi par Dom Belloni, prêtre italien, que l'aspect vénérable et bon à la fois, invite à venir saluer ; avec quelle complaisance il vous fait visiter son magnifique établissement, et comme il est touchant de voir le respect dont il est entouré de ses enfants, et avec quelle soumission, je dirai même avec quelle douceur, ces petits orphelins exécutent les ordres qui leur sont donnés ! Ils reçoivent là une instruction religieuse et professionnelle aussi complète que possible, et même quelques-uns d'entre eux en sortent pour aller au grand-séminaire de Jérusalem, y revenant ensuite comme prêtres et instruisant à leur tour une nouvelle génération.

Si vous les interrogez, ils vous répondront d'une façon aimable et gaie, et à la fois avec l'intelligence qui est le caractère particulier du Bethléemite.

Aussi sortons-nous de cet établissement pleins d'admiration pour son fondateur et les fruits de ses travaux, et acceptons-nous avec empressement la généreuse hospitalité qui nous est offerte et dont nous vinmes profiter quelques jours après ce premier pèlerinage. Nous étions tout heureux, mon compagnon et moi, de pouvoir rester deux jours à Bethléem, pendant lesquels nous pouvions faire nos dévotions tout à loisir, comme aussi nous pouvions aller explorer un peu les environs qui présentent quelque intérêt.

Je parlerai d'abord du champ des pasteurs, qui est à une demi-heure environ de Bethléem, où les bergers entendirent pour la première fois le cantique des anges : *Gloria in excelsis Deo.* Près de là se trouve le champ de Booz, où vint glaner Ruth. Puis, tandis que nous passions sur la place de la Nativité, un jeune homme s'offrit pour nous conduire aux vasques de Salomon, à la fontaine scellée et au jardin fermé ; acceptant tout de suite son offre, nous partîmes aussitôt, car la course était longue, et il nous fallait être rentrés à midi.

Après environ deux heures de marche à travers champs et montagnes, dont parfois le vol de quelque oiseau de proie ou l'aboiement de quelque chacal troublait seul la solitude, nous arrivâmes à la fontaine scellée qui fournit à l'aqueduc dit de Salomon, les eaux qui alimentent Jérusalem. C'est tout près de là, dans une caverne, que Samson s'était caché, après avoir incendié les moissons des Philistins. A quelques mètres de la fontaine scellée, se trouvent les trois vasques de Salomon. Ce sont trois immenses bassins construits par ce roi, dans lesquels s'écoule l'eau de la fontaine scellée, qui, après avoir passé successivement dans les trois bassins, est amenée à Jérusalem par un canal en maçonnerie, construit le long du chemin. La première vasque a 177 mètres de long sur 64 de large et 15 de profondeur ; la deuxième a 129 mètres de long sur 70 de large et 12 de profondeur ; la troisième a 116 mètres de long, 70 de large et 8 de profondeur.

Nous nous arrêtâmes un instant, autant pour admirer la solide construction de ces réservoirs et la limpidité de l'eau dont ils sont constamment remplis, que pour y voir s'ébattre deux ou trois Musulmans, se livrant à toutes sortes d'exercices de natation. Puis reprenant la route de Bethléem, notre guide nous fit passer par le jardin fermé ou de Salomon, qui occupe une vallée appelée Oued-Ourthas. Enfermés dans une double chaîne de collines abruptes et sauvages qui y concentrent la chaleur, ces jardins, fréquemment arrosés, sont d'une fertilité extraordinaire : toutes sortes d'arbres fruitiers y sont couverts de fruits; en un mot, la variété d'arbres et de plantes de toutes sortes, les soins avec lesquels ces jardins sont entretenus, en font un petit coin vraiment délicieux.

Enfin, après avoir longé pendant une heure environ cette brûlante vallée, (elle l'était surtout à ce moment-là de la journée, car il n'était pas loin de midi, aussi supportions-nous au moins 40 degrés), nous rentrâmes à Bethléem, jetant un rapide coup d'œil sur les bâtiments en construction du couvent du Carmel, élevé par les soins d'une riche béarnaise, Mlle de Saint-Cricq, qui a fondé une maison de Carmélites, et destine aux Pères de Bétharam la direction de ce couvent.

Notre séjour à Bethléem fut prolongé de quelques heures, à cause d'une fête de famille qui mettait dans la joie tout l'orphelinat ; tout le monde, maîtres et élèves, se disposait, en effet, à célébrer un anniversaire de Dom Belloni : à 6 heures, une séance de prestidigitation, entremêlée de musique, nous fut donnée par un italien de passage à Jérusalem, et à 9 heures, un feu d'artifice, véritable Ruggieri, termina cette dernière journée passée à Bethléem, car le lendemain à midi nous rentrions à l'hôtel Damas.

Nous avions vu maintenant tous les lieux témoins des plus grandes scènes de l'Evangile : Bethléem, berceau du christianisme, Nazareth, témoin de toute la vie cachée de Jésus-Christ, et enfin dans Jérusalem, les différents lieux qui ont vu Notre-Seigneur souffrant, agonisant et mourant sur la croix. Chaque matin, nous nous plaisions à aller visiter l'un de ces derniers endroits, allant un jour communier au Calvaire, un autre jour à Gethsémani, un troisième à la maison de sainte Véronique, et le soir, quand aucun exercice ne nous appelait ailleurs, notre temps se passait à parcourir les différents quartiers de la ville.

C'est assez curieux, du reste, de se promener par exemple, dans ce qu'on appelle le bazar, c'est-à-dire une rue remplie de marchands de toute sorte ; ce ne sont certainement pas ces étalages que l'on voit dans nos magasins où tout est disposé avec tant d'art, mais c'est la variété des marchandises et surtout leur couleur locale qui attirent votre attention. Bien que l'on trouve réuni dans cette rue tout ce que l'on peut désirer acheter, cependant chaque rue a son commerce particulier : ainsi, dans l'une on ne trouvera que de la chaussure, dans l'autre, que des étoffes, dans une autre enfin que des légumes ou autres denrées ; mais là, on peut y passer sans être autrement incommodé que par la mauvaise odeur provenant d'un défaut d'entretien, ou par quelques chameaux chargés, qui, vu le peu de largeur de la rue, vous obligent à vous blottir contre les murs, afin de ne pas être écrasé.

Mais il n'en est pas de même de la rue Casa-Nova, qui renferme les magasins d'objets de piété ; à peine a-t-on fait quelques pas que l'on s'entend appeler : Mon Père, ou bien Signor, venez voir mon magasin. Et après vous avoir salué à la mode turque, c'est-à-dire en vous baisant la main, la portant ensuite à son front, le marchand vous entraîne dans sa boutique, d'où l'on ne sort pas, bien entendu, sans y avoir laissé quelques backchiches ; cette même cérémonie se renouvelle à la porte de presque tous les magasins.

Un jour, cependant, nous fûmes arrêtés dans ce genre de visites, par l'enterrement d'un jeune catholique qui passait alors dans la rue, et, désireux de voir comment se faisaient ces sortes de cérémonies, nous nous mêlâmes à la foule et suivîmes le convoi jusqu'au cimetière.

Le défunt, vêtu de ses plus beaux vêtements, était porté, à découvert dans un cercueil tendu de rose, au couvent des Pères Franciscains où avaient lieu les prières d'usage, puis un groupe de femmes, revêtues de leur long voile blanc, et quelques-unes ayant la figure voilée, se mêlèrent au cortège, non sans avoir préalablement fait quelques salamalecs au passage du corps, tels que d'agiter leurs mouchoirs au-dessus du cercueil, en poussant des cris vraiment sauvages ; ces cris, du reste, se renouvelaient, mêlés de pleurs, toutes les cinq minutes environ, pendant le trajet, jusqu'au cimetière. Deux cawas (*) du Consulat ouvraient la marche et immédiatement derrière le corps, une espèce de maître des cérémonies aspergeait sans cesse le défunt avec de l'essence de rose ; au cimetière, la cérémonie des mouchoirs recommence, et les cris et les pleurs se renouvellent plus fort que jamais ; puis chacun des parents et amis ayant embrassé le cadavre, on couvre le cercueil et l'inhumation a lieu aussitôt. Inutile de dire qu'en sortant du cimetière, les pleureuses étaient déjà consolées.

Mais ces démonstrations bruyantes ne se font pas seulement dans les circonstances tristes, elles ont lieu aussi à l'occasion d'heureux événements ; car, quelques jours après ce fait, se célébrait un mariage dans une maison voisine de l'hôtel. Or, comme de la terrasse de l'hôtel on pouvait plonger dans le domicile des jeunes époux, nous pûmes assister, en quelque sorte, à la fête de famille, bien qu'il n'y eût pas lieu de nous réjouir d'entendre pendant deux jours et deux nuits ces cris qui étaient, cette fois je pense, des cris de joie, accompagnés d'une musique *sui generis*, qui consistait à taper sur un vieux pot cassé dont le fond

---

(*) Les cawas sont, en quelque sorte, les gardes du corps du consul.

était revêtu d'une peau tendue ; on peut juger d'ici de cet harmonieux instrument qui rendait des sons à peu près semblables à ceux que rend une planche sur laquelle un enfant s'amuse à taper ; cela tenait lieu d'orchestre, paraît-il, et suffisait pour faire danser les gens de la noce. Je ne veux pas oublier cependant un autre détail : la veille du mariage, à la nuit, on accompagne à la lueur des torches, dans tous les quartiers de la ville, les deux fiancés précédés d'une où plusieurs voitures contenant tous les cadeaux faits à la jeune fille, tels que toilettes, bijoux, étoffes, etc., et même l'usage permet d'emprunter ces objets à sa voisine, pour suppléer à ce que le fiancé n'aurait pu donner.

Mais le temps s'écoulait rapidement et déjà nous étions à la veille de l'Ascension. Une splendide fête se préparait ; nous devions la célébrer au lieu même où Jésus-Christ s'est élevé dans le ciel. Quel bonheur d'avoir pu, un jour dans sa vie, vénérer les vestiges du Sauveur s'élevant vers les cieux à l'heure même où Il s'éloignait de cette vallée de larmes !

Dès cinq heures du matin, les pentes du Mont des Oliviers étaient parsemées de pèlerins désireux de venir entendre la messe et communier à cet endroit même où Notre-Seigneur avait quitté cette terre. La mosquée, abandonnée tout ce jour-là aux Latins, regorgeait de monde ; mais ce n'étaient pas seulement des pèlerins qui étaient agenouillés au pied des autels dressés, pour la circonstance, dans l'intérieur de la mosquée, c'étaient aussi des catholiques du pays, venus de Jérusalem et de Bethléem pour assister à cette pieuse cérémonie ; on était pressé, on se tenait debout faute d'avoir la place de se mettre à genoux, les lumières et la foule occasionnaient une chaleur étouffante, mais peu importe, on était au sommet de l'Ascension ce jour-là même et l'on se reportait par la pensée au jour de l'Ascension de Notre-Seigneur.

Une grand'messe, avec sermon et chants, fut dite après les messes basses, à l'église du couvent, et il était déjà onze heures lorsque nous en sortions.

Mais nous avons encore une heure ; si nous allions voir la fontaine de Siloé ? Et aussitôt, mon compagnon et moi, descendimes rapidement dans la vallée de Josaphat. Nous arrivons d'abord à un petit pont jeté sur le torrent et sous lequel se trouve un énorme rocher : c'est là que Notre-Seigneur, poussé par les soldats qui l'emmenaient chez Caïffe, tomba dans le Cédron : *De torrente in viâ bibet.* — En tombant, il laissa l'empreinte de son genou et de ses mains sur le rocher en question, et l'on y vénère encore ces précieux vestiges. Une indulgence plénière est attachée à ce lieu.

Puis, en continuant toujours vers le Sud, nous trouvons la fontaine de la Sainte-Vierge, ainsi nommée parce que la Sainte-Vierge y lava les langes de l'Enfant-Jésus au moment de la Présentation; c'est une source intermittente, qui vient peut-être du Mont Moriah, et que les Musulmans appellent la Fontaine de Madame Marie ; et à la suite se trouve l'étang de Salomon, converti en un jardin d'une prodigieuse fertilité, et enfin la piscine de Siloé. La piscine et la fontaine sont reliées entre elles par un canal qui daterait de Salomon. La fontaine est à l'extrémité de la vallée des Tyropéons ; le réservoir a cinq mètres de large et seize de long.

C'est le lieu où le Sauveur envoya l'aveugle-né et où il fut guéri.

En continuant de suivre la vallée, on entre, en remontant vers l'Ouest, dans la vallée de Hinnon ou de la Géhenne. Cette vallée est profonde, solitaire, sombre ; il n'est pas étonnant qu'elle soit le symbole de l'enfer. Jérémie vint plusieurs fois en ce lieu, annoncer les châtiments qui menaçaient le peuple infidèle à Dieu. Au milieu des grottes sépulcrales qui s'y trouvent, on montre celle où plusieurs apôtres se cachèrent pendant la Passion ; elle est voisine de l'Haceldama ou champ du sang, acheté avec les deniers de Judas pour la sépulture des étrangers ; il est encore consacré à cet usage.

Nous rentrâmes dans Jérusalem par la porte des Maugrebins ou des ordures ; elle est très petite et n'est ouverte que depuis le matin jusqu'à midi pour l'usage des âniers, qui vont avec leurs troupeaux d'ânes chercher à la fontaine de Siloé la provision d'eau pour la plus grande partie de la ville.

Le soir, à deux heures, nous assistions aux vêpres du Patriarcat et un salut du Saint-Sacrement clôturait cette pieuse journée. Du reste, dix jours après, se célébrait la fête de la Pentecôte, et ce jour-là, les messes de communion se disaient sur le mont Sion, sous une tente dressée dans le cimetière catholique et à côté du Cénacle. Ce monument, ayant été converti en mosquée et en harem, est interdit aux catholiques, sauf pour être visité, car alors c'est au prix d'un backchiche quelconque, pour lequel les Musulmans ne refusent ordinairement rien.

Ce fut donc après les communions que le frère Liévin nous fit entrer dans le Cénacle où l'on nous montra la salle basse du Cénacle ; cette salle a 14 mètres de long sur 8 ou 9 de large ; elle est du reste aussi longue que la salle supérieure, car le Cénacle est divisé en deux parties bien distinctes : la partie haute et la partie basse. Celle où nous sommes est le lieu où s'est accompli le lavement des pieds ; l'entrée en est ordinairement interdite parce que la partie inférieure qui communique avec cette salle, est habitée par des femmes et des enfants d'une corruption dégoûtante, et ce n'est qu'à prix d'argent qu'on laisse entrer dans cette partie.

En sortant du Cénacle, nous saluons l'emplacement de la maison où la Sainte Vierge a dû mourir, vers l'âge de soixante-douze ans, assistée de saint Jean et des autres apôtres. A peu de distance de cette maison dont il ne reste plus qu'un pan de mur, on rencontre le lieu où les disciples, portant à Gethsémani le corps de la Sainte Mère de leur Maître, furent arrêtés par les Juifs qui voulurent leur enlever leur précieux fardeau, mais au moment où l'un d'eux, plus audacieux que les autres, voulut mettre la main sur le cercueil, il devint aveugle et sa main fut paralysée. La maison de Caïphe est un peu plus loin, occupée par une église arménienne non-unie. Nous laissons sur notre droite la grotte *in Gallicantu* où saint Pierre pleura amèrement, et rentrons dans la ville pour visiter la maison d'Anne ; elle est remplacée par deux oratoires contigus, propriété des religieuses arméniennes non-unies; un peu plus loin se trouve l'église de Saint-Jacques-le-Majeur, bâtie sur le lieu même de son supplice ; elle sert de cathédrale aux Arméniens schismatiques. Mais il est temps de mettre un terme à cette intéressante excursion ; l'heure de la messe a sonné et les pèlerins accourent en toute hâte vers la grande église du Patriarcat.

Je doute que cérémonie plus imposante se soit accomplie dans cette basilique. Le Patriarche pontifie, assisté de douze prêtres en chape et de douze simplement en rochet. Il apporte dans ces fonctions, une dignité profonde et une lenteur calculée susceptible d'influer sur les Musulmans, habitués aux rites sautillants des schismatiques.

Ce n'était pas, du reste, la première fois que nous entendions la messe de Monseigneur Bracco ; déjà le vendredi 16 mai, Son Excellence avait bien voulu célébrer la sainte messe pour les pèlerins, qui reçurent tous la communion de sa main.

Comme le jour de la Pentecôte était le dernier passé à Jérusalem, nous employâmes l'après-midi, après toutefois avoir assisté aux offices, à aller visiter une dernière fois l'extérieur de Jérusalem, du moins la partie située au Nord-Ouest, d'où l'on pouvait contempler toute la ville,

En sortant par la porte de Damas, on se trouve dans la région occupée successivement par l'armée romaine au temps de Titus, et par celle des Croisés au moyen-âge. Dans la direction de l'Est, on arrive à la grotte de Jérémie, où le prophète composa ses *Lamentations*. Non loin de là se trouve une grande nécropole souterraine qu'on appelle le tombeau des Rois ; mais il n'est pas bien prouvé que ce soient les tombeaux des Rois de Juda et encore moins ceux des Rois d'Israël ; comme ils sont vides, il est difficile d'avancer autre chose que des hypothèses. Plus loin est le tombeau des Juges ; on ne sait pas non plus de quels Juges. A l'ouest, près de l'angle le plus occidental de la ville, les établissements russes forment une cité à part, composée d'une église, de deux vastes hospices et du consulat. Ces fondations, de date récente, ont été faites pour la réception et la protection des nombreux pèlerins russes qui affluent chaque année à Jérusalem, pour les fêtes de Pâques.

Enfin nous rentrons, en passant devant l'hospice français ou de St Louis, élevé par les soins du comte de Piellat, ce pieux Lyonnais, grâce à qui les pèlerins trouvent tout assuré en arrivant à Jérusalem. Les bonnes sœurs qui tiennent cet hôpital, distribuent, chaque jour, des quantités de remèdes à tout malade pauvre et de toute religion, qui vient demander chaque matin à la porte.

Nous devions être rentrés de bonne heure, car il nous fallait boucler nos malles ou plutôt nos sacs, devant partir le lendemain de grand matin. Mais avant de parler du départ, je veux parler de deux visites, faites pendant cette dernière semaine : de celle d'abord à la mosquée d'Omar, et ensuite du pèlerinage à St Jean dans la montagne. Voyons d'abord la mosquée d'Omar et laissons parler le frère Liévin : « C'est l'emplacement de l'ancien temple de Salomon, trapèze immense que ce roi fit niveler en écrêtant les rochers et en construisant des murs gigantesques destinés à retenir les terres et les blocs de pierre engouffrés dans les vides.

L'ancien parvis des Gentils, l'esplanade actuelle, a une longueur de cinq cents mètres et une largeur de trois cents ; le parvis d'Israël, à l'intérieur du parvis des Gentils, est remplacé par la plate-forme dont les dimensions moyennes sont de cent soixante-cinq mètres sur cent quarante-cinq. Il est pavé de larges dalles comme du temps des Juifs. »

Bien des souvenirs s'y rattachent : Jésus retrouvé à l'âge de douze ans, par Marie ; il en chasse les vendeurs et les acheteurs ; il y prend la défense de la femme adultère ; il fait l'éloge du denier de la veuve ; il y prédit la destruction du temple.

« Le parvis d'Israël comprenait le vestibule du temple proprement dit, les deux chambres du trésor, à l'entrée desquelles Héliodore fut frappé de verges par une main invisible, l'autel des holocaustes et la mer d'airain, vaste bassin soutenu par douze bœufs en fonte. L'autel des holocaustes est occupé par ce que les Musulmans appellent le tribunal de David, monument gracieux, formé de dix-sept colonnes à chapiteaux variés et surmontés d'une coupole décagone. Au centre, s'élève la mosquée d'Omar, au lieu même où s'élevait le Temple proprement dit.

On connaît les vicissitudes du temple de Salomon, détruit après 407 ans, par Nabuchodonosor, relevé par Zorobabel, du temps de Cyrus, embelli par Hérode-le-Grand, brûlé pour jamais par un soldat de l'empereur Titus. Trente-sept ans après la mort du Sauveur, Julien l'Apostat voulut le reconstruire pour donner un démenti aux prophéties du Christ ; des flammes intelligentes poursuivirent les ouvriers qui durent abandonner l'entreprise. L'an 636, le calife Omar fit nettoyer l'emplacement du temple, devenu un réceptacle d'immondices, et y fit bâtir une mosquée.

La mosquée actuelle, bien qu'élevée 55 ans plus tard, sur les ruines de la première, et plusieurs fois restaurée depuis cette époque, n'a pas moins conservé le nom de ce conquérant.

C'est un bel édifice, riche et élégant. C'est un octogone régulier éclairé par quarante fenêtres rectangulaires; l'extérieur du dôme est recouvert de plomb et se termine par un croissant doré. Ici l'on ôte sa chaussure ; il n'appartient pas aux infidèles d'introduire une poussière profane dans ce sanctuaire de l'Islam, réputé l'un des plus célèbres du monde avec celui de la Mecque et de Médine. Nous avons la faculté d'entrer nu-pieds ou avec des babouches. »

La disposition de la mosquée d'Omar est très simple : trois enceintes circulaires et concentriques, séparées par des piliers et des colonnes d'un très beau marbre, remplacent les deux enceintes rectangulaires du temple : le Saint et le Saint des saints. «Le Saint, visité deux fois par jour par le grand prêtre, était revêtu d'or intérieurement et renfermait le chandelier à sept branches, la table d'or des pains de proposition, et l'autel des parfums, en bois de cèdre et en or. La partie correspondante de la mosquée est garnie de versets du Coran, d'arabesques, de peintures, de sculptures où l'or à profusion est mis au service de l'art. Quant aux fenêtres, une combinaison merveilleuse de verres coloriés détermine une harmonie de tons des plus curieuses ; le dessin n'y est pour rien, la structure et l'agencement de l'ensemble produisent seuls des effets inimitables de lumière.

Le Saint des saints, la sackra des Musulmans, se trouve sous la coupole ; c'est une roche brute au sommet du Moriah, sur laquelle Abraham se disposait à immoler son fils Isaac. Ce rocher, aujourd'hui complètement nu, était recouvert de lames d'or de très grand prix ; il supportait l'arche d'alliance, le Propitiatoire, table d'or placée au-dessus de l'arche, et les Chérubins, deux hautes statues en bois d'olivier revêtu d'or. »

Les Musulmans rattachent à ce rocher bien d'autres souvenirs : ainsi, d'après eux, ce serait celui sur lequel Jacob dormait lorsqu'il eut la vision de l'échelle mystérieuse ; Mahomet, montant au ciel sur sa jument El-Borack, aurait entraîné avec lui ce même rocher, qui pourtant, sous la vigoureuse impulsion de l'archange Gabriel, se serait arrêté à une certaine hauteur et serait actuellement soutenu par une branche de palmier invisible. Deux poils de la barbe de Mahomet sont religieusement conservés dans un étui renfermé dans une urne d'argent. Si l'on descend dans la crypte creusée sous le rocher, on rencontre, au centre, le puits des âmes, où elles viennent toutes les semaines adorer Dieu ; la balance du jugement dernier, où seront pesés les mérites et les péchés de chacun, est suspendue à l'entrée sud de la mosquée ; après l'opération du pesage, les âmes sont lancées sur un pont invisible qui relie, paraît-il, le Moriah au sommet de la montagne des Oliviers. Les justes passeront sans crainte, portés par leurs anges gardiens ; les pécheurs, au contraire, seront pris de vertige et tomberont dans la vallée de Josaphat pour s'engloutir dans l'enfer.

Après avoir visité la mosquée d'Omar, nous nous dirigeons vers la mosquée El-Acksa, séparée de la première par une distance de cent pas environ ; elle termine la partie méridionale de la plate-forme.

La mosquée d'El-Acksa ou ancienne église de la Présentation, légèrement modifiée, a 90 mètres de long sur 60 de large ; elle a sept nefs à chacune desquelles correspond une porte à ogives. A l'extrémité de la nef centrale se trouve le sanctuaire musulman, disposé, comme plan, à peu près comme nos sanctuaires catholiques.

Les mosaïques, les dorures et les marbres de toutes sortes ornent cette partie de la mosquée où l'on montre la chaire d'Omar, espèce de grand fauteuil à dossier droit, auquel on arriverait par sept ou huit marches ; elle est en marbre grisaille orné de mosaïques dorées.

A côté se voit l'empreinte du pied de Notre-Seigneur, que les Musulmans ont emportée du mont des Oliviers, en sciant le rocher ; le frère Liévin nous dit que son authenticité est douteuse. En face, se trouvent deux magnifiques colonnes de marbre noir ; une tradition musulmane dit que, quand on passait entre ces deux colonnes, on était sauvé, car elles sont assez rapprochées l'une de l'autre. Or, un jour, un arabe un peu fort voulut y passer, mais il s'engagea entre les deux colonnes, et, ne pouvant aller ni en avant ni en arrière, il y fut étouffé ; depuis, on a fermé le passage des colonnes de l'épreuve, de sorte que l'on ne peut plus se sauver. Une dépression faite à hauteur d'homme par le frottement du corps, prouve combien de justes ont passé par là !

La terrasse recouvre, ou du moins une partie, un vaste souterrain que l'on appelle les écuries de Salomon. Un petit escalier, situé à l'angle sud-est de la terrasse, vous conduit d'abord à une petite salle basse et sombre, où l'on vous montre une coquille, qui passe pour avoir été une pierre où l'on déposa l'Enfant Jésus pour la Présentation au Temple ; mais l'on croit plutôt que c'est tout simplement une coquille de bénitier ou une niche à saint dont les Musulmans se seraient emparée, en disant que c'est le corps du petit Enfant Jésus qui l'a ainsi creusée miraculeusement. De là, deux ou trois marches vous conduisent aux écuries proprement dites. C'est un vaste souterrain voûté et formant cinq ou six espèces de nefs, séparées par des piliers très-élevés et très-rapprochés les uns des autres. Cette construction date de Salomon. C'était là, dit la tradition, qu'il mettait ses chevaux, mais cela semble peu vraisemblable ; cependant, c'est là que les croisés avaient logé les leurs, car ces écuries peuvent en contenir deux mille.

Une chose attira encore notre attention : c'était un petit monument à peu près carré, situé près de l'entrée des écuries de Salomon ; deux fenêtres grillées permettaient à peine de voir à l'intérieur, le soi-disant tombeau de ce roi; mais ce qui était le plus curieux, c'est qu'une quantité de loques étaient attachées à ces fenêtres. Sur notre demande, le frère Liévin nous dit que c'étaient des ex-voto. Il paraît que lorsqu'un Juif ou un Musulman a gagné un procès, il va attacher une guenille quelconque auprès du tombeau de Salomon, pour le remercier de ce qu'il lui a fait gagner sa cause.

Non loin de là, on peut visiter les restes des constructions salomoniennes qui soutenaient la terrasse du Temple. C'est auprès de ce mur que les Juifs viennent pleurer le vendredi, en répétant les lamentations de Jérémie. C'est même assez curieux de voir ces pauvres gens, avec leur longue lévite de couleur, leurs deux boucles de cheveux tombant sur les joues, et leur grand bonnet de fourrure, se livrant à toutes sortes de mouvements exprimant la douleur ; c'est ainsi qu'ils lisent leur bible en se frappant la tête contre le mur, ou du moins, en faisant semblant. Ils ont la face tournée contre le mur et pas un ne paraît s'apercevoir de notre présence. Les femmes se tiennent au côté opposé, et accroupies sur leurs talons. Mais à cinq heures tout est fini, la place est vide et leurs larmes ont cessé de couler.

Le lendemain, samedi 24 mai, nous partions à quatre heures du matin, pour Saint-Jean dans la montagne. Nous laissons à droite les établissements russes, pour passer ensuite devant la piscine supérieure et le champ du foulon, que nous voyons à gauche. Un peu plus loin, le chemin se bifurque et devient réellement affreux. De ce côté de Jérusalem, comme du côté de la porte de Damas, rien qu'un désert de pierres, comme dit Lamartine, qui sert d'avenue à la ville de pierres.

Ces pierres énormes et fendues, d'une teinte uniforme de gris de cendre, s'étendent sans interruption tout le long du chemin. Les collines s'abaissent et se relèvent, des vallées étroites circulent et serpentent entre leurs racines ; quelques vallons même, s'étendent ça et, là comme pour tromper l'œil de l'homme et lui promettre la végétation et la vie ; mais l'aridité, la désolation se retrouvent encore et il me semble que la main de l'homme n'a jamais passé par là.

Nous apercevons à gauche le couvent grec de Sainte-Croix, qui occupe le lieu où fut coupé l'arbre de la Croix. Après ce couvent, le chemin traverse les vallées de Masualhabeh, Madineh et Bédaouich et atteint une hauteur d'où l'on aperçoit, à l'ouest, la Méditerranée, et à l'est le mont des Oliviers, puis le chemin devient de plus en plus mauvais ; en quelques endroits, c'est un affreux casse-cou.

Nous cheminons toujours au milieu de collines sans ombre ; tout à coup, la chaîne de montagnes se déchire devant nous ; au fond d'une large coupure, entre deux hautes murailles de rochers, s'épanouit un frais et gracieux village, bâti sur un gracieux mamelon, au milieu de ses vignes, de ses figuiers, de ses oliviers.

La vue de cette oasis est bien en harmonie avec les souvenirs qu'elle rappelle.

Nous sommes en face de St Jean du Désert. Il y a environ 700 habitants, dont 100 catholiques seulement. Nous nous rendons immédiatement à l'église de la Visitation, située en face le village, sur le flanc d'une colline.

La tradition nous apprend que c'est à Mar-Zacharia, la maison de campagne de Zacharie, que la très sainte Vierge vint trouver sainte Elisabeth. La chapelle, restaurée depuis peu, est dédiée au *Magnificat*. A l'entrée, on remarque à droite, dans une niche, l'empreinte du corps du petit saint Jean, sur le rocher. Lorsque les soldats d'Hérode cherchaient les enfants pour les massacrer, sainte Elisabeth s'enfuit dans la montagne, pour cacher le Précurseur. Au contact de l'enfant, le rocher s'amollit comme de la cire. Cette pierre miraculeuse, détachée de la montagne, a été placée là par les premiers constructeurs de la chapelle. Cette petite chapelle renferme trois autels : L'un, au fond d'une voûte, dans une grotte spécialement dédiée au *Magnificat*, parce qu'elle indique l'endroit même où fut composé le *Magnificat* le jour de la Visitation. Cet autel est consacré à saint Zacharie ; près de là, une niche marque, dit-on, le lieu où saint Jean fut circoncis. Avec quel bonheur je récitai le *Magnificat* ! Je devais bien des actions de grâce à Dieu, et j'étais réellement heureux de pouvoir renouveler en ce lieu ma première communion, dont je célébrais ce jour-là le dixième anniversaire.

Près du sanctuaire, dans les ruines d'un ancien couvent, se trouve un puits qu'on appelle source Sainte-Elisabeth. On dit qu'elle est miraculeuse, et que c'est là que Marie et sa cousine allaient puiser de l'eau.

Nous nous rendons de là, à la partie principale du village de Saint-Jean, qui contient, avec le monastère des Pères Franciscains, l'église de la Nativité de saint Jean-Baptiste et la maison du Père Ratisbonne. La partie du village que nous venons de visiter, ne comprend que quelques bâtiments, et se trouve plus rapprochée du désert de Saint-Jean. Nous passons devant la fontaine de la sainte Vierge, où elle allait laver ses linges, et nous arrivons, après vingt minutes de marche, à la grande église des Pères Franciscains, qui sert de paroisse aux quelques catholiques de l'endroit. Elle est bâtie sur l'emplacement de la maison de saint Zacharie, où est né saint Jean. A l'extrémité de la nef gauche, on descend par un escalier de sept degrés de marbre, dans la grotte de la Nativité ; un autel indique le lieu de la naissance du Précurseur ; des médaillons de marbre blanc, représentent les principaux faits de la vie de saint Jean ; dix lampes y brûlent continuellement.

On ne quitte pas Saint-Jean sans visiter la succursale du couvent de l'*Ecce-Homo*. Le Père Ratisbonne envoyait là le trop-plein de son orphelinat de jeunes filles ; l'enclos assez considérable des Dames de Sion, est merveilleusement tenu, la végétation en est splendide, le terrain donne de magnifiques produits. Les fleurs et les fruits de toutes sortes y abondent, on se croirait vraiment dans un paradis terrestre.

A 2 heures, je repris la route de Jérusalem, où je n'arrivai qu'à 5 heures, exténué de fatigue, tant à cause de la chaleur horrible qui nous accablait, que de la faiblesse que m'occasionnait une forte fièvre ; je remerciai Dieu, en arrivant, de m'avoir donné encore la force de revenir et un compagnon dévoué qui ne me quittait jamais et grâce auquel je ne demeurai pas entièrement seul sur cette route déserte.

Avant de terminer ce récit, je veux dire un mot des œuvres catholiques de Jérusalem, dont l'importance est plus grande que l'on ne pourrait le croire. Elles sont dirigées par les Franciscains et par les prêtres du Patriarcat. Jérusalem est la ville de la contradiction ; la vérité et l'erreur se disputent sans cesse le terrain, mais jamais sans doute l'erreur n'y triomphera, comme aussi la victoire de la vérité ne pourra jamais être définitive. Le sang a coulé à flots et coulera encore ; car depuis la fin du royaume chrétien de Jérusalem, en 1187, les enfants de St François sont restés, au prix de leur sang, les gardiens fidèles des Saints Lieux. Aujourd'hui encore, quelles souffrances n'endurent-ils pas de la part, soit des Musulmans, soit des Grecs, qui ne savent qu'imaginer pour leur enlever ces sanctuaires, pour la conservation desquels nos pauvres religieux verseraient tout leur sang !

Les Franciscains, chassés du Mont Sion, où ils s'étaient établis primitivement, achetèrent en 1559 une maison où ils établirent le couvent de Saint-Sauveur, qu'ils possèdent encore aujourd'hui. Près de ce couvent, est l'hospice des pèlerins, qu'ils dirigent, et connu sous le nom de Casa-Nova ; le second couvent est attenant à l'église du St Sépulcre et n'a pas d'autre entrée que celle de la basilique. Il ne peut contenir qu'une douzaine de religieux, préposés spécialement à la garde du tombeau de Notre-Seigneur, et au service religieux quotidien, dans la basilique.

Ceci m'amène à parler de la nuit que nous y passâmes, plusieurs pèlerins et moi, pour pouvoir communier sur le tombeau même de Notre-Seigneur, et comme les Latins n'ont que trois heures pour célébrer leurs offices, on est obligé d'attendre son tour, c'est-à-dire, après l'office des Grecs et des Arméniens non-unis, de sorte qu'ordinairement, la messe des Franciscains se dit au milieu de la nuit, les Grecs commençant leurs cérémonies à huit heures du soir, aussitôt après la fermeture de l'église.

Ces bons Pères vous offrent des lits et même à manger, si vous le désirez ; et tandis que nous attendions l'heure de nous coucher, le frère sacristain nous montra l'épée de Godefroy de Bouillon, ses éperons et sa croix dont ils sont les dépositaires. Ces différents objets servent aujourd'hui à la réception des chevaliers du St Sépulcre.

« Les Franciscains ont encore un couvent attenant à l'église de la Flagellation, et qui sert de succursale à Casa-Nova.

Deux écoles pour les garçons et une imprimerie catholique sont annexées au couvent du St Sauveur. »

Quoi qu'on dise, il est un fait incontestable, c'est que nous sommes les maîtres moraux de l'Orient ; nous sommes les protecteurs de l'Européen en Terre-Sainte. Deux instruments nous ont donné cette prépondérance : le glaive et la croix.

Sept ou huit siècles se sont écoulés depuis les croisades, et le souvenir n'en est pas encore effacé. Mais hélas ! ce prestige que notre pauvre patrie avait su garder jusque là, sur ces peuples à moitié civilisés, elle le perd aujourd'hui par des actes coupables et d'une criante injustice, et qui la couvrent, aux yeux de l'étranger, de honte et d'infamie. Elle a chassé Dieu de ses écoles, et en chassant Dieu, elle a flétri son honneur et traîné dans la fange son beau titre de : Fille aînée de l'Eglise et de : Protectrice des Saints Lieux.

Je ne veux citer qu'un fait à l'appui de ce que je dis : comme nous causions un jour avec un marchand de Jérusalem, la conversation tomba sur les difficultés qu'avaient toujours eues les religieux qui voulaient acheter des terrains ; une congrégation ne peut acheter un terrain sans un firman du sultan, or, comme on lui demandait dernièrement cette autorisation, le sultan répondit aux religieux, qu'il ne voulait pas donner l'autorisation de s'établir dans son territoire, à des hommes qui devaient être reconnus dangereux, puisqu'on les chassait de leur pays, et il les renvoya.

Ai-je besoin maintenant de démontrer que la politique antireligieuse suivie en France, a pour conséquence logique, fatale, de nous faire perdre, lambeaux par lambeaux, cette prépondérance en Orient !

« Les Franciscains ne font pas seuls le bien ; l'influence du Patriarcat ne doit pas être non plus considérée comme nulle.

C'est en 1847 que Pie IX a rétabli le Patriarcat latin de Jérusalem. Monseigneur Valerga en prit possession le 18 janvier 1848, et, pendant les vingt-cinq années de son administration, il réussit, malgré de nombreuses difficultés, à fonder la cathédrale, ou mieux, l'église du Patriarcat, le palais patriarcal à Jérusalem, et le séminaire de Beit-Djallah, près Bethléem. Il a appelé à Jérusalem les sœurs de Saint-Joseph de l'Apparition, qui tiennent l'hôpital français de Saint-Louis et une école de jeunes filles ; en 1855, d'autres religieuses, de l'ordre de Nazareth, furent encouragées par lui, et dirigent actuellement des écoles et des orphelinats de jeunes filles à Nazareth, Caïffa, Saint-Jean-d'Acre, Chefa-Amr et Beyrouth. En 1856, une troisième communauté, celle des Dames de Sion, vint s'établir à Jérusalem, pour y travailler à la conversion des Juives ; elles étaient dirigées par le Père Alphonse Ratisbonne, juif converti, qui bâtit leur couvent de l'*Ecce-Homo*, et qui a encore fondé, hors la ville, un autre établissement, destiné à devenir une école d'arts et métiers pour les orphelins.

Monseigneur Valerga a encore vu élever l'hospice autrichien, destiné à recevoir les pèlerins de cette nation, bien que cependant on y ait logé aussi les nôtres ; le monastère des Carmélites ou couvent du *Pater*, sur le Mont des Oliviers, et enfin le couvent de Koubeibeh (ou ancien Emmaüs) à 60 stades de Jérusalem, dû à la magnificence de Mademoiselle de Nicolaï.

Monseigneur Bracco, qui a succédé, en 1873, à Monseigneur Valerga, a continué et développé les œuvres fondées par lui.

Il a appelé à Jérusalem les Frères des écoles chrétiennes, qui voient accourir dans leurs classes presque tous les enfants de la ville, à quelque nation ou religion qu'ils appartiennent.

L'église Sainte-Anne, concédée à la France après la guerre de Crimée, a été confiée, en 1878, aux Missionnaires d'Alger, fondés par Monseigneur de Lavigerie. Enfin, l'orphelinat de Dom Belloni, à Bethléem, a été considérablement agrandi.

Italien d'origine, comme son prédécesseur, Monseigneur

Bracco jouit, même auprès des dissidents, d'une grande réputation de sainteté. C'est un homme d'une belle taille et d'un grand air; sa longue barbe grise dissimule un peu son extrême maigreur, et ses lunettes s'efforcent en vain de cacher la finesse et la pénétration d'un regard fort intelligent; son visage a quelque chose d'austère au premier abord, mais la douceur de sa voix montre que l'intérieur ne répond pas à l'extérieur, et c'est avec la plus grande bonté qu'il vous accueille.

D'après ce léger aperçu sur les œuvres catholiques de Jérusalem, il est évident que le Patriarche et les Franciscains font le plus grand bien en Terre-Sainte. Mais toutes ces œuvres entraînent de grandes dépenses. Il faut pourvoir à l'entretien de plus de trente églises ou chapelles, entretenir de nombreux couvents avec leurs écoles, recevoir les pèlerins, faire l'aumône aux chrétiens indigents et subvenir encore à bien d'autres frais qu'il serait trop long de mentionner ici.

Les Grecs sont riches, soutenus qu'ils sont par le gouvernement russe; les Arméniens sont opulents et les Musulmans sont les maîtres. Les Juifs eux-mêmes entassent des monceaux d'or dans leurs misérables demeures, et cependant si vous les voyez passer dans la rue, ou si vous passez dans leur quartier, vous leur jetteriez deux sous.

Je termine par les paroles de Monsieur le Comte Henry de l'Epinois, dans l'assemblée de l'Union générale des catholiques en Tourraine : « Ce que nous ferons pour l'Orient, ce que nous ferons pour les peuples vivant autour de la crèche et du tombeau du Christ, sera profitable, par voie de réversibilité, à l'Occident et à la France. Ne l'oublions pas, il y a ici un problème politique dont les termes sont démontrés et dont la solution touche même les plus sceptiques en religion ; tout ce qui se fait en Syrie, par et pour les catholiques, tourne nécessairement au profit de l'influence russe ; tout ce qui se fait en Syrie, par et pour les protestants, tourne nécessairement au profit de la double influence anglaise et allemande. Or l'influence grecque et la propagande protestante ayant pris, depuis quelques années, une extension considérable, il est temps d'aviser, et que les catholiques, suivant les généreuses traces du Patriarche et des Franciscains, prennent aussi la Syrie pour champ de leur apostolat. »

Espérons donc que la France, dont les aumônes inépuisables entretiennent un si grand nombre de bonnes œuvres, n'oubliera plus la Terre-Sainte et qu'elle reprendra bientôt son heureuse influence sur l'esprit oriental en montrant, par ses générosités et sa protection sur le nom catholique, que son cœur n'est pas resté absolument sourd à la voix de son Dieu, et qu'elle saura se montrer digne de sa noble vocation.

Parmi les œuvres de charité, il n'en est pas de plus méritoire ; qu'il y ait dans tout l'Occident une croisade de prières et d'œuvres en faveur de l'Orient, et bientôt la foi se ranimera dans ces contrées, lorsque nous irons enflammer la nôtre au tombeau du divin Sauveur.

« Quand il arrive au milieu des déserts et des ruines de la ville sainte, le pèlerin ne peut s'empêcher d'éprouver quelque chose qui ressemble à une déception. Ce qu'il a sous les yeux, ce qui frappe ses yeux, est tellement différent de ce qu'il a pu s'imaginer d'avance, qu'il ne sait à quelle opinion s'arrêter.

Mais peu à peu le charme se fait sentir ; je ne sais quels rapports mystiques s'établissent entre Jérusalem et le voyageur chrétien. Il l'aime et s'étonne de se trouver attaché à elle par des liens étroits. Le pèlerin sent bien, au départ, qu'il laissera quelque chose de son âme aux penchants de ces montagnes abruptes, au fond de ces vallées, à ces oliviers, à ces ruines, à tous ces édifices sacrés de la ville sainte. Oui, longtemps son cœur restera comme suspendu au sommet du Calvaire, attaché au jardin des olives ou à la grotte de l'agonie. Une fois qu'on a vu Jérusalem, on l'aime toujours et on se plaît à espérer que l'adieu qu'on lui fait ne sera pas éternel. »

Près de trois semaines s'étaient écoulées depuis notre entrée dans la ville sainte ; chaque jour, chaque instant avaient été bien employés, et cependant que de lacunes il restait encore à combler : que de regrets on emporte avec soi, tels que de n'avoir pu voir tel endroit, ou de n'avoir pas renouvelé plus souvent ses visites à tel autre ! Au commencement de ce séjour, il semblait que ces trois semaines ne finiraient jamais, et maintenant que nous étions à l'heure du départ, ce séjour paraissait un songe.

Le 3 juin, la *Bourgogne* rappelait à son bord les heureux qu'elle avait amenés, et nous étions au lundi 2. Or, la direction du pèlerinage avait laissé le choix, de partir en *carrossa* le mardi, ou bien de partir le lundi avec un drogman qui offrait de conduire les pèlerins à Jaffa, en passant par Emmaüs. Je m'étais décidé à suivre cette voie, et ce jour-là, avant quatre heures du matin, nous étions réunis à la porte de Jaffa. Après avoir choisi un excellent petit âne, je m'y installai avec mes sacs et couvertures, et j'attendis patiemment le signal du départ. Ce ne fut pas long, du reste, car, quelques instants après, le frère Liévin ouvrait la marche et notre petite caravane s'ébranla à sa suite.

Notre marche était lente et silencieuse.

Après avoir passé les établissements russes, nous supposions avoir dit notre dernier adieu, lorsqu'arrivés sur une colline élevée, nous aperçûmes le sommet de la montagne des Oliviers, quelques remparts, et les dômes du Saint-Sépulcre et de la mosquée d'Omar.

Nous nous arrêtâmes alors un instant, et, le visage tourné vers Jérusalem, nous chantâmes le cantique des Hébreux dans la captivité : « Sur les fleuves de Babylone, nous nous sommes assis et nous avons pleuré en nous souvenant de Sion..... Si je t'oublie, Jérusalem, que ma main droite devienne sans mouvement ; que ma langue desséchée s'attache à mon palais, si je ne me souviens de toi, si je ne fais de Jérusalem le principal sujet de ma joie ! (Ps. 136). »

C'était notre dernier regard jeté sur Jérusalem. c'étaient nos derniers adieux que nous faisions à ces lieux qui ont été le théâtre d'aussi grands événements. Dieu veuille que nous en emportions une foi plus vive, une espérance plus ferme, un plus grand amour pour Lui, et comme un avant-goût des joies auxquelles le vrai chrétien est appelé dans la Jérusalem céleste.

Une demi-heure après, nous étions déjà en pleines montagnes de Juda. Enfin, après quatre ou cinq heures de marche à travers monts et vallées, nous apercevons le petit village d'Emmaüs, sur le sommet d'une colline ; encore quelques minutes et nous y sommes. Emmaüs se compose aujourd'hui de vingt ou vingt-cinq maisons habitées par de pauvres fellahs. Nous descendons au petit couvent des Pères Franciscains, et nous nous rendons aussitôt à la chapelle pour y offrir le Saint-Sacrifice.

Le frère Liévin nous donna ensuite quelques explications et nous dit que nous étions sur l'emplacement de la maison de Cléophas, l'un des deux disciples, qui mourut martyr et fut enseveli à Emmaüs.

Nous partîmes aussitôt après le déjeûner, car il nous restait encore une longue course à faire avant d'arriver à Ramleh. Midi sonnait lorsque nous reprenions nos montures, et, après avoir embrassé les bons Pères qui nous avaient si bien reçus, nous continuons notre route.

Je n'essaierai pas de dépeindre les difficultés que nous avons rencontrées, je dirai même les dangers, car je considère comme tel le trajet que nous avons suivi pendant deux heures environ, sur les flancs d'une colline abrupte et absolument déserte, formant d'un côté une étroite et profonde vallée dont la chaleur, en s'y concentrant, faisait une véritable fournaise. Les montagnes, les vallées et les champs se succédaient ainsi, lorsqu'enfin, nous pûmes rejoindre la route, que nous suivîmes tranquillement jusqu'à Ramleh ; il était sept heures du soir quand nous y arrivâmes, aussi n'étions-nous pas fâchés de descendre de nos montures, qui nous portaient depuis quinze ou seize heures, sous un soleil vraiment tropical.

Des tentes avaient été dressées sur le bord de la route, et tout était prêt à notre arrivée, et j'avoue qu'après une aussi rude journée, je trouvai mon lit de camp aussi bon que le meilleur des lits de plume.

Le lendemain matin à 6 heures, il ne restait plus trace de cette installation en plein champ ; nous avions déjà entendu la sainte Messe, et notre petite caravane reprenait la route de Jaffa. Le frère Liévin nous conduisit, en sortant de Ramleh, à la haute tour, dite des Quarante Martyrs, morts à Sébaste, en Arménie, et à côté des ruines considérables d'un cloître de Templiers. Rien de particulier jusqu'à Jaffa, sinon ce dont j'ai déjà parlé.

Déjà nous apercevions à l'horizon, la Méditerranée, dont le bleu se confondait facilement avec l'azur du ciel.

Ce ne fut cependant que deux heures après, que nous faisions notre entrée à Jaffa ; il était, du reste, déjà près de onze heures.

Je ne saurais dire l'impression que je ressentis en arrivant à Jaffa ; la vue de la mer, si calme et si bleue ce jour-là, faisait un étrange contraste avec les déserts et les montagnes rocheuses que nous venions de traverser. Mon regard plongeait par delà ses rives, et il me semblait que j'étais déjà rendu à ma famille et à mon pays.

Bien des souvenirs se rattachent à l'ancienne Joppé : c'est là que Noé entra dans l'arche ; c'est aussi à Jaffa que Jonas s'embarqua pour ce triste voyage où il fuyait la face de Dieu, et où il devait être, pendant trois jours, enfermé dans le corps d'un monstre de la mer.

Ce fut encore dans cette ville qu'on débarqua les cèdres du Liban destinés à l'édification du temple de Salomon : elle fut aussi le théâtre de miracles que saint Pierre opéra : la résurrection de la veuve Tabithe, entre autres. Là, furent jetés à la merci des flots, Lazare et ses deux sœurs que la main de Dieu allait diriger vers les côtes de la Provence. C'est encore à Jaffa que saint Louis apprit la mort de la reine Blanche, et qu'il dit cette belle parole : « Je vous rends grâce, ô mon Dieu, de ce que vous m'avez prêté Madame ma chère mère, tant qu'il a plu à votre volonté, et de ce que maintenant, selon votre bon plaisir, vous l'avez retirée à vous. Il est vrai que je l'aimais sur toutes les créatures du monde et elle le méritait ; mais puisque vous me l'avez ôtée, que votre nom soit béni éternellement. »

Vu de la mer ou de la route de Jérusalem, Jaffa est très gracieux, mais l'intérieur offre peu d'intérêt ; sa population est de 7,000 habitants, dont près d'un millier de catholiques.

Le commerce y est languissant, il consiste en blé, riz et toile de lin, apportés d'Egypte, et en fruits, huile et savon, exportés par la mer. Le service des Messageries, en lui ramenant ses paquebots à des époques régulières, lui a cependant donné un peu d'essor.

A deux heures, nous prîmes congé des Pères qui nous avaient accompagnés, et nous nous rendîmes au port d'où une barque nous emmena à bord de la *Bourgogne*. En mettant le pied sur le bateau, je cours vite reconnaître ma cabine, déposer mes bagages sur ma couchette, et je reviens sur la balustrade du pont, pour suivre les péripéties de l'embarquement des pèlerins attardés. On était heureux de se retrouver, mais on l'était surtout de songer que l'on allait, dans quelques jours, raconter aux siens tout ce que l'on avait ressenti d'émotions et de bonheur.

Bientôt le sifflet de la machine se fait entendre, un formidable coup de canon retentit, et le géant noir, tout empanaché de fumée, gagne majestueusement la pleine mer.

Il était neuf heures du soir. Ça et là, sur le rivage, quelques lumières marquent de loin en loin des sillages d'argent sur le miroitement des eaux du port. Peu à peu ces lumières s'éteignent et finissent par disparaitre.

Tout alors semblait disposé à échauffer mon imagination : la surface légèrement ondulée de la mer, son immense étendue, le silence de la nuit, troublé seulement par le bruit saccadé de la machine, le ciel lui-même, ce beau ciel d'Orient, tant vanté et à si juste titre, à cause de son azur, du nombre et de l'éclat des étoiles qui y brillent ; enfin, et surtout tant de souvenirs et de si doux souvenirs que j'emportais avec moi, non sans quelque espérance de revenir voir tous ces lieux qui avaient eu tant d'attraits pour moi. Une légère brise enflait doucement les voiles de la *Bourgogne*, naguère encore un colosse à côté de ces frêles embarcations que nous venions de quitter, et maintenant, une coquille de noix perdue entre ces deux immensités : le ciel et la mer.

A onze heures, je dus cependant m'arracher à cette douce rêverie, afin d'obéir au règlement du bord, qui défendait de rester plus avant dans la nuit, sur le pont.

Mais, je ne me doutais pas, à ce moment-là, que la mort planait au-dessus de notre navire, où elle venait, une heure après, faire une victime.

En effet, une jeune personne du diocèse de Luçon, Mademoiselle Eugénie Pelletier, venait de rendre son âme à Dieu, après d'horribles souffrances. Déjà malade à Jérusalem, elle avait voulu absolument partir, malgré la défense du médecin, espérant se rétablir sur mer ; mais Dieu ne l'avait pas voulu ainsi et ne lui permit pas de résister aux fatigues d'une si longue route. Son sacrifice était fait ; elle mourait heureuse, disait-elle, d'avoir pu voir les saints Lieux, et tout son regret, maintenant, était de ne pas revoir les siens, dont on comprendra facilement la douleur, car elle était fille unique.

C'était la seconde victime que Dieu avait demandée à notre pèlerinage: un prêtre du diocèse de Beauvais, s'était noyé, le 24 mai, au Jourdain, et tous les deux venaient certainement de terminer, dans la Jérusalem céleste, leur pèlerinage à la Jérusalem terrestre.

Le soir, à huit heures, devait avoir lieu l'immersion : nous étions tous invités à assister à cette lugubre cérémonie. Rien, en effet, n'est plus propre à inspirer de la tristesse que de voir jeter un cadavre à la mer. L'approche de la nuit donnait à la cérémonie un caractère encore plus émouvant. Le corps, enfermé dans un sac goudronné, était étendu sur le gaillard ; tous, réunis autour, nous récitions les prières des morts. Tout à coup, le navire s'arrête, les prières sont finies, le silence de la mort règne autour de nous ; le corps est mis sur une planche, dont l'une des extrémités repose sur le rebord du navire ; un matelot fait basculer cette planche et l'on entend, en même temps, un bruit sec dans la mer : un abime s'est ouvert pour engloutir cette malheureuse dépouille, et s'est aussitôt refermé sur elle ; la surface de l'eau est redevenue calme, le navire a repris sa marche et chacun se retire vivement impressionné, tandis que déjà, peut-être, les hôtes habituels de la mer se disputent ce cadavre.

On reprit à bord le règlement que nous avions suivi à l'aller, et aux exercices du mois de mai succédaient ceux du mois du Sacré-Cœur. Tous les soirs, un prêtre ou un religieux, désigné par le Révérend Père Bailly, adressait une allocution aux pèlerins, réunis pour la prière en commun.

En somme, la joie, la piété, l'union la plus vive, régnent

parmi nous. Les longues causeries, les promenades sur le pont, telles sont, avec la prière, les distractions ordinaires des passagers. Les uns s'amusent à regarder jouer les marsouins, d'autres s'occupent du nombre de milles parcourus ; quelques uns ont assez de lutter contre le mal de mer qui les menace. Du reste, la voie du retour de notre paquebot devait nous offrir plus de variétés dans ses aspects. Pendant deux jours nous demeurons entre ciel et eau, mais bientôt nous commençons à apercevoir Candie, puis nous arrivons en face de la Calabre, toute hérissée de montagnes dont les flancs sont parsemés de petits villages, qui semblent comme suspendus.

Nous voici maintenant dans le détroit de Messine. Quel tableau enchanteur ! comme tout y est riant et frais ; Messine, que nous distinguons très bien à œil nu, est bâtie en amphithéâtre ; les rues en paraissent larges et très droites. Nous passons ensuite entre les rochers de Charybde et Scylla ; Charybde est sur la côte de Sicile, et Scylla sur la côte de Calabre. Au sortir du détroit de Messine, nous apercevons une montagne qui se dresse au milieu de la mer, comme une tour colossale. C'est un volcan qui s'appelle le Stromboli. Fort heureusement pour nous, il n'était pas dans ses jours de crise, et il se contentait seulement de jeter quelques bouffées de vapeur, comme un paisible bourgeois qui digère en fumant son cigare.

Nous passons trop loin des côtes de Naples pour les apercevoir.

Nous étions déjà au sixième jour de notre traversée, et nous commencions à nous rapprocher du détroit de Bonifacio que nous devions franchir, ce qui aurait abrégé notre voyage de quelques heures ; mais un violent mistral s'étant élevé le dimanche soir, (ce qui occasionnait un assez fort tangage) et notre capitaine n'osant pas s'aventurer dans ce terrible passage, où la mer engloutit, il y a une trentaine d'années, le navire français la *Sémillante* et tous ses passagers, nous dûmes doubler l'île de Corse et arriver à Marseille par les îles Sainte-Marguerite et d'Hyères.

Mais nous passons assez près de la Corse pour satisfaire notre curiosité.

« Son aspect a quelque chose de farouche ; les arêtes des rochers sont vives, leurs cassures perpendiculaires ; tout cela s'étage en désordre pour se terminer par un faîtage en forme de scie ; les vallées ressemblent plutôt, vues de la mer, à des fissures. » Quelques bouquets d'arbres parsemés çà et là et quelques petits villages qui semblent posés accidentellement sur les flancs des rochers, égaient seuls la sévérité de ces lieux. Nous apercevons à droite, mais assez loin, l'île d'Elbe.

Enfin, le 10 juin au soir, nous longions les îles d'Hyères, dont je n'ai pas besoin de parler, car, qui ne connait, au moins de renommée, ce gracieux séjour ?

Nous apercevions, en même temps, en face de nous, les lumières des phares de Toulon, et, ne pouvant voir notre arrivée à Marseille, je me résignai à aller me coucher ; mais, à trois heures du matin, je fus réveillé par des chants et des cris de : vive la France, vive N. D. de la Garde ; je me précipitai sur le pont, et le grand nombre de lumières que j'apercevais, me disaient assez clairement que nous étions en vue de Marseille. Je m'associais tout naturellement aux chants et aux cris, avant de retourner à ma cabine, où j'attendis avec impatience le lever du jour. Ce ne fut pas long, et, deux heures après, la *Bourgogne* entrait majestueusement et par un temps splendide dans le bassin de la Joliette. Nous dûmes attendre encore deux heures avant d'aborder, ne pouvant mettre pied à terre, avant d'avoir reçu la visite de la santé.

Enfin, à sept heures, l'échelle fut dressée le long du navire et de petites barques emportèrent, par groupes, les pèlerins, aux bâtiments de la douane, où il y avait à remplir les formalités d'usage. Cette opération, qui ne dura pas moins de quatre heures, me priva de la consolation d'entendre la messe d'action de grâce; mais ce qui est retardé n'est pas perdu, et le lendemain matin, ma première sortie fut pour aller à N. D. de la Garde, offrir le St Sacrifice, pour remercier Dieu de la protection si évidente qu'il avait bien voulu m'accorder tout le temps de mon pèlerinage.

Le temps, ce jour-là, me permettait d'admirer le magnifique panorama que j'avais sous les yeux : d'un côté, la ville avec ses collines rocailleuses, de l'autre, les ports encombrés de navires, le phare, debout comme une sentinelle ; plus loin, la mer étendant à perte de vue, sa robe bleue, parsemée de petites embarcations qui semblent autant de taches ; et, au-dessus de l'église, la statue de la Vierge semble indiquer au navigateur le chemin du port, et embrasse d'un seul regard toute cette étendue dont elle a spécialement la garde.

Le soir, je consacrai mon temps à visiter un peu Marseille, mais de toutes mes courses dans la cité phocéenne, celle dont je garderai le meilleur souvenir est, sans contredit, ma promenade au Prado et sur le chemin de la Corniche, bordé, d'un côté, par de délicieuses maisons de campagne, entourées de jardins non moins agréables, et, de l'autre, par la mer. Je dus malheureusement abréger considérablement cette promenade, car je devais prendre le train à cinq heures, et il en était quatre. Je n'avais donc pas de temps à perdre et me hâtai de rentrer.

Le soir même, à neuf heures, j'étais à Nimes, où je ne fis que passer ; j'eus cependant encore le temps de voir la maison carrée, les arènes et quelques autres curiosités de la ville, puis, à 11 heures, je repris le train qui me déposait le soir à Clermont.

Plus que jamais, à ce moment-là, il me semblait que mon pèlerinage n'était qu'un rêve. Quand la course a été longue, qu'il fait bon se retrouver en famille, le cœur débordant du bonheur passé et des joies de l'heure présente !

Désormais, ce beau pèlerinage n'est plus que de l'histoire ancienne, avec ses souvenirs et ses regrets. Les souvenirs sont grands : avoir foulé, pendant un mois, la terre que Notre-Seigneur a foulée ; avoir parcouru, pendant trois semaines, les rues de cette ville que Jésus-Christ a inondée de ses sueurs et de son sang ; avoir prié dans ces lieux sanctifiés par la présence et les souffrances d'un Dieu ; avoir reçu plusieurs fois, dans ces mêmes lieux, ce Dieu, aussi réellement présent que lorsqu'il vivait à Jérusalem, tel a été notre sort et tels seront ces souvenirs qui, certes, ont bien leur prix.

Les regrets aussi sont grands : car pour tous ou presque tous, c'est un adieu fait à ces lieux bénis ; et malgré les dangers connus, les courses pénibles à travers les montagnes, et les chaleurs brûlantes du désert, on ne peut s'empêcher de s'écrier : Ah ! que nous étions bien là-bas à Jérusalem !

Et maintenant, faisons un retour sur nous-mêmes et demandons-nous ce que nous sommes allés faire en Terre-Sainte et ce que nous en avons rapporté.

Ce que nous y sommes allés faire, le voici : « La France blasphème, nous avons été bénir ; la France nie, nous avons été affirmer ; la France se meurt, nous avons été puiser à la source de la vie. Nous sommes allés protester contre l'incrédulité et les blasphèmes de la France. » Nous sommes Français, nous aimons notre patrie et nous sommes allés implorer la miséricorde du Seigneur pour elle.

La Palestine n'a rien qui puisse flatter les sens ; c'est donc bien pour souffrir et faire pénitence, que les pèlerins de cette nouvelle croisade ont franchi les mers, pour demander à Dieu le salut de la France, hélas ! si coupable,.

là même, où notre Sauveur a demandé à son Père le salut des hommes.

Enfin, ce que nous en avons rapporté, c'est une foi plus vive, un plus grand amour pour Dieu, c'est, enfin, d'avoir appris à prier et à souffrir quelque chose pour Jésus-Christ qui a tant souffert pour nous !

Allez en Terre-Sainte, vous qui vous dites Français et catholiques, et vous éprouverez, comme tant d'autres, qu'aux Lieux-Saints la foi augmente l'amour et l'amour ravive la foi !

St-Flour. — Typ. F. Boubounelle.